JN237915

発達障害の子どもと

あったかクラスづくり

―通常の学級で無理なくできるユニバーサルデザイン―

高山 恵子 編　　松久 真実・米田 和子 著

明治図書

ナチュラルサポーターを育てましょう！

　私は小学校時代，忘れ物が多く，集中力や読解力がない子でした。その後渡米し，大学院で教育学を学んだ時に，自分にADHD，LDがあることを初めて知り，「自己理解を深め，無理なく実力を発揮する条件」を学ぶことができたのです。

　しかし，よく考えると大学院で学んだ対応法は，先生や友だちが「さりげなく」やってくれたことばかりでした。友人たちは，私が，ほぼ毎日忘れ物をしても嫌な顔をしないで貸してくれ，聞き逃した先生の話の内容をそっと聞くとそっと教えてくれました。祖母はそれこそ「傾聴」し，私のいいところを見つけ，自尊感情を育んでくれました。発達障害という概念がない時から，私にはナチュラルサポーターがいて，不自然で無理な特別の支援ではなく，本当に自然な支援をしてくれました。

　先生の言葉がけ，行動はいつでもクラスの見本です。自然な形で先生ご自身が，クラスで支援する姿を子どもたちは見て，学びます。実際に発達障害のある子どもに特別支援教室の先生が，算数の時間に優先順位を示した「やることリスト」を作成したら，お友だちが家庭科の時間に同様のリストをつくってみんなで楽しく調理実習ができたそうです。このようにクラス全員が，「ちょっと困っている子」のナチュラルサポーターになりうるのです。

　またサポーターにとっても，人のために何かをすることで自尊感情が高まるはずです。このようにクラスに感謝があふれ，自尊感情も高め合えたら理想です。そんなクラスづくりのヒントがたくさん本書には書かれています。無理をせずできそうなことからトライしてみてください。うまくいくときっと先生ご自身の自尊感情もあがることでしょう。

編者　高山恵子

もくじ

まえがき「ナチュラルサポーターを育てましょう！」 3

第1章
発達障害の子どもとあったかクラスづくり
―環境は人がつくる，言葉がつくる―

1 「環境」が特別支援教育成功のカギ……………………………………7
2 「環境因子」を重視したICFとは？……………………………………8
3 ICFの発達障害への活用…………………………………………………9
4 ICFの視点で学級づくりを………………………………………………11

第2章
あったかクラス大作戦
―明日から無理なくできる20の取り組み―

1 ケンカの芽をつむ「いがいが言葉」撲滅への取り組み……………16
　コラム　マズローの欲求の階層　26
2 効果バツグン！　叱り方の３段階「森レベル・林レベル・木レベル」……28
3 静かな教室をつくる！　サイレントモードでクールダウン！……32
　コラム　ボリュームゼロは内言語を育む　41
4 「木レベル」に効く！　叱るより笑えるタイムアウト………………42
5 子どもに効く！　叱るのはあっさり，行動はしつこく……………47
　コラム　ペアレントトレーニング　50
6 教師の２つの顔がメリハリを生む！　上品と下品……………………52

7 トラブルを減らす**3秒ルール**……54
   コラム 言葉だけの謝罪にならないように　57
8 子どもを集中させる**「あと〇分〇秒で終わります」宣言**……58
9 通常の学級で行うさりげない個別指導のアイデア
   「先生ドリル」「連絡帳ドリル」……63
   コラム みんな違う，自己理解と他者理解の視点を　68
10 子どもの意欲を引き出す！　**自力でAを勝ち取ろう**……69
11 子どもを動かす！　**7割以上の全体指示以外は近づいて小さな声で**……73
12 子どもに自己コントロール力をつける**ぼくの（わたしの）おまじない**……77
   コラム 行動と思考の切り替えはキーワードで　82
13 子どもを集中させる教師の話術
   「ゆっくり毅然と」「相手の興奮はトーンを変えてかわす」……83
14 子どもに確実に伝わる**具体的指示**～わからない指示は意味のない指示～……89
   コラム 「わかる指示」は教育の基本　96
15 クラスが1つにまとまる**記念日遊び**……97
   コラム みんなで達成！　クラスの中で高めるセルフエスティーム　102
16 教室でできる視覚支援・聴覚支援 **「教室では，目から，耳から」**
   ～先生のポケット・カギがっちゃん～……103
   コラム 子どもの学力をさらにアップさせる「学習スタイル」とは　110
17 毎日書く**連絡帳を字の指導に使えば，一石二鳥**……111
18 ルールの定着は**ソーシャルスキルカードをクイズ形式で**……116
   コラム Teachable moument（教え時）　119
19 いじめ防止のアイデア**クラス認定あだな・ともだちじまん**……120
   コラム 嫌いなことは人によって違う！　126
20 教師がしかける**「将棋・囲碁・オセロ・トランプ」大会**……127
   コラム ゲームで社会性を育む―「負ける練習」こそ重要―　130
● まとめにかえて～アイビリーブ～……131

第3章
あったかクラスで育んだ子どもたち

1　先生としての私を育ててくれた子どもたちとの出会い……………132
2　ほめることでがんばり続けたしんご君………………………………134
3　言語表出の苦手さを乗り越えて司会に挑戦したゆみさん…………142
4　保護者と共に変わっていったみきさん………………………………150
5　対人関係が苦手だったまさき君………………………………………156
6　新卒3年目で出会ったえみさん………………………………………165
7　子どもに支えられてできたあったかクラスづくり…………………171

第1章　発達障害の子どもと あったかクラスづくり
―環境は人がつくる，言葉がつくる―

1　「環境」が特別支援教育成功のカギ

　平成19年度から特別支援教育が本格的に実施され，ADHD等これまで，不十分だった発達障害のある子への教育的支援が全国でスタートしました。そうは言っても現場ではいろいろな問題が浮上してうまくいかないこともあるのではないでしょうか。

　では，うまくいったケースは何がポイントだったのでしょうか？

　多くの場合，それは子どもと先生との信頼関係やいじめがなく違いを認め合うクラスの雰囲気など，「障害特性の理解と支援」以外の広義での「環境」の違いではないかと思います。

　平成20年1月，中央教育審議会は「幼稚園，小学校，中学校，高等学校及び特別支援学校の学習指導要領等の改善について（答申）」の中で，特別支援教育の教育課程においてICF（International Classification of Functioning, Disability and Health：国際生活機能分類）を活用する必要性を下記のように明記しました。

> ICF（国際生活機能分類）の考え方を踏まえ，自立と社会参加を目指した指導の一層の充実を図る観点から，子どもの的確な実態把握，関係機関等との効果的な連携，環境への配慮などを盛り込む。

　このようにICFが登場したことにより，障害のある子の障害特性だけでなく，親子関係はもとより，友人関係など学校，クラスという「環境」の重要性がクローズアップされるようになりました。

❷ 「環境因子」を重視した ICF とは？

　国際障害分類（ICIDH）は障害を社会的次元までも含めて3つの次元に区分しました（図1）。しかし環境など，児童や精神障害，教育分野で必要な項目が詳しくないと指摘され，2001年，WHOは国際生活機能分類（ICF）に改訂しました。

　これは障害の見方のモデル（図2）として，共通の用語・分類・評価スケールとして活用され，下記の特徴をもっています。

○環境因子や個人因子等の背景因子の視点を取り入れていること
○構成要素間の相互作用を重視し，各項目が双方向の関係にあること
○「参加」の視点があり，診断名等ではなく，生活の中での困難さに焦点を当てる視点をもっていること

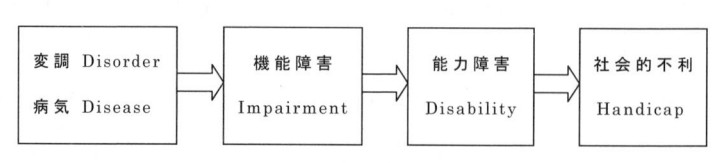

変調 Disorder／病気 Disease → 機能障害 Impairment → 能力障害 Disability → 社会的不利 Handicap

図1　ICIDHの障害モデル

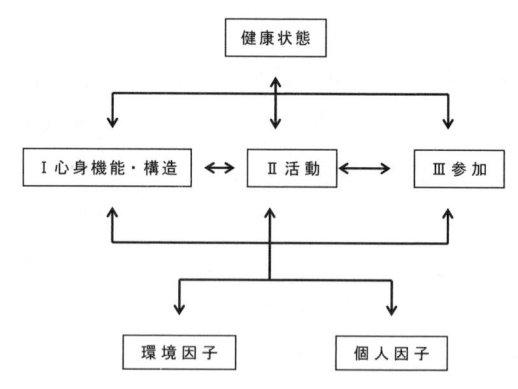

健康状態
↕
Ⅰ心身機能・構造 ⇔ Ⅱ活動 ⇔ Ⅲ参加
↕
環境因子　個人因子

図2　ICFの相互作用モデル

> ○機能障害は「心身機能・構造」に，能力障害は「活動」に，社会的不利は「参加」になり，表現がより肯定的，中立的な用語になったこと

　学校現場では，個別の教育支援計画策定において，ICF の項目に基づいて，参加と活動を中心に環境面も含めた実態把握を行う他，ICF を多職種間の連携のための共通言語として活用することも可能です。また通常学級に在籍する多様なニーズのある子どもを理解し，支援するために，ICF モデルの項目に基づいてつくられた支援シートを作成し活用できます。

　たとえば，障害名はなくても不登校になっている場合など，「診断名がないと支援ができません」というのではなく，参加制約の視点からその子の学校での活動を充実させるための環境促進因子を探し出して支援をするという考え方ができるのです。

❸ ICF の発達障害への活用

　発達障害のある子は，個人差はあるものの認知のズレから自己理解・他者理解に課題があり，集団行動が苦手という特徴をもちます。「和」を尊ぶ価値観が主流の日本では，個人主義や自己主張を重視する欧米諸国と違い，その「ズレ」を理解しないと学童期前から叱責されることが多くなります。そこから生じるストレスの原因は単に医学的な実行機能障害で「何かができないこと」だけでなく，彼らが属する「社会の価値観（理想）と当事者の障害特性（現実）とのギャップ」といえるのです。そのため，生物学的機能障害のみでなく，その子が所属するクラスという環境によって日常生活での支障に差が出るのです。

　たとえば，ADHD の場合は，実行機能障害，自閉系はコミュニケーション障害という機能障害があります。しかしその何かできないことがあるからといって，すべての子に障害名がつくわけではありません。環境因子や個人因子がプラスに働き，活動に制限，参加に制約がなければ，当然日常生活に支

表1 ICFの諸次元・要素の定義

心身機能 body functions	身体系の生理的機能（心理的機能を含む）
身体構造 body structures	器官，肢体とその構成部分などの，身体の解剖学的部分
機能障害 （構造障害を含む） impairments	著しい変異や喪失などといった，心身機能または身体構造上の問題
活動 activity	課題や行為の個人による遂行
活動制限 activity limitations	個人が活動を行う時に生じる難しさ
参加 participation	生活・人生場面（life situation）へのかかわり
参加制約 participation restrictions	個人が何らかの生活・人生場面に関わる時に経験する難しさ
環境因子 environmental factors	人々が生活し，人生を送っている物的な環境や，社会的環境，人々の社会的な態度による環境を構成する因子

障がないので，ADHD，アスペルガーという診断名がつきません。

　特に知的障害を伴わない高機能の発達障害がある子は，能力のアンバランスが大きいものの，3歳児検診では，その障害を発見できないことがあります。そんな場合，小・中学校の通常学級に入学し，学校生活でのなんらかの大きなトラブルの後に，受診，診断，障害告知，障害受容というプロセスを経ることがあります。そのため，従来の障害児教育とは違い，障害受容のプロセスを教師が支える必要が出てきています。

また告知，カミングアウトなども従来の見える障害とは異なり，クラスや地域など子どもが生活する環境が大きな影響力をもちます。環境は，本人の自尊感情ややる気を大きく左右します。個人因子である生育暦や個人の体験なども重要です。障害自体はそれほど重篤ではないのに，いじめ体験などが原因で活動・参加に制限が出ると不登校になったりします。

　このように，今，問題になっている虐待やいじめの視点もICFモデルを活用することにより，対応をさぐることが可能です。発達障害の二次障害に多い，うつなどの気分障害，適応障害，摂食障害は，環境によってつくられる障害とも考えられますので環境を考えることはその予防という視点からも重要です。

④　ICFの視点で学級づくりを

　発達障害がある子どもには，通常学級や地域社会などより「一般生活の中での参加や活動」のための教育支援が重要です。従来の医療モデル（検査・診断して治療する）中心の機能障害の治療・療育，そして隔離された養護学校中心の支援は必ずしも彼らにプラスになるとは限りません。

　その意味で，ICFの概念を理解することが，発達障害のある子の支援には不可欠であり，これが，今後の日本の教育の基本的柱の１つになると考えられます。

　今までに出会った通常学級に在籍する発達障害のある子どもの中には，IQが高く，才能がありながらも「みんなと違うところがある」と，いじめや無理解を受け，支援が遅れ，実力が発揮できないケースがたくさんありました。これからの少子化の時代，１人でも多くの先生にICFの理念を理解していただき，子どものいいところを見つけ，才能を引き出し就労につなげるという視点をもっていただきたいと思います。

　人が環境をつくります。先生方の子どもへの言葉がけ，わかりやすい指示が環境を変え，彼らを変えるでしょう。

第2章 あったかクラス大作戦
―明日から無理なくできる20の取り組み―

　障害のある子どもや保護者が，笑顔で過ごすために一緒に寄り添うのが，私の仕事です。養護学校（現在の特別支援学校）や通常の学級，特別支援教室で教師を数十年続けてきました。

　なりたくてしょうがなかった教師という仕事でした。採用の知らせを聞いた時，あまりにうれしくて電柱に飛びついたことを覚えています。

　最初は希望どおり，養護学校に勤めましたが，その後，普通校に転勤して今までの価値観がガラガラとくずれ落ちました。それまで私は「熱意とやる気をもち」「子どもに思いやりと愛情を注ぎ」「やさしく接する」ことをすれば，良い教師になれると思っていました。教師をめざす人たちに共通しているのは，世話好きで人に熱心にかかわろうとすることではないでしょうか。それにもれず私は，フレンドリーで子どもが話しかけやすい教師でした。

　しかし，私は子どもになめられたのです。指示はまったく通らなくなり，私はキーキーと怒鳴るだけの教師になりました。クラスは崩壊し，秩序がなくなりました。その時，私は「やさしさなんてなんの意味もない。思いやりの気持ちも役に立たない。私は子どもをコントロールできる力がほしい」と落ち込みました。

　秩序のない崩壊したクラスでは，間違いなくいじめ・偏見といった人権脆弱な環境が存在し，発達障害のある子どもは一番に居場所がなくなります。いじめや仲間はずれの標的になることでより落ち着きがなくなります。聴覚的に困難のある子どもは騒然としたクラスに身を置くことが耐えられません。秩序のある安心してすごせる好意に満ちたクラスは，発達障害のある児童にとって，最大の支援です。またそれは，家庭に居場所のない被虐待児ほかすべての児童にとっても居心地のいい集団であると言えます。

　私が担任し，崩壊してしまったクラスでは秩序が守られず，子どもたちの

安全がおびやかされました。絶えず暴言・暴力・トラブル・ケンカが起こり，私は職員室に行く時間もありませんでした。授業中も子どもが絶え間なくしゃべり続けるため，教師の指示が通りません。私は毎日疲れ果て，自分自身が不登校になりそうでした。

　何年かして私はまた同じようなクラスを担任しました。毎日トラブルが続き，1分も目が離せないクラスでした。しかし，以前学級崩壊したクラスと同じようなクラスだったにもかかわらず，今回は疲れたとは感じませんでした。前回の崩壊したクラスを担任した後，ほそぼそとながら，発達障害と虐待の研修を続けていたからでした。それが自分の気持ちを支えたのです。

　学級崩壊したクラスでの取り組みは，発達障害のある子どもや家庭に居場所がない子どもの認知特性に合っていなかったのだと思います。熱意や思いやりや，やる気だけではうまくいかないのです。

　私の周りにいる教師の中にも，熱意とやる気のある教師はたくさんいます。しかしそれだけでは足りません。「冷静な分析」と「職人技の技法」も必要なのです。しゃべり方，注意の仕方，立ち振る舞い，毅然とした指示などの「技法」です。そもそも教師の経験知や暗黙知は，カンとセンスで行われていて，継承することが難しい職人技です。教師であれば「秩序のある安心してすごせるクラス」をつくりたいと誰もが願っています。しかし昨今ではそれが困難になってきており，概念としてはわかっていても具体的な方法が示されていません。それらを言語化し，誰でも使える方法としてまとめたいと思ったのが執筆の動機です。

　本章のベースにあるのは，「好意に満ちた語りかけ」です。「好意に満ちた語りかけ」とは，子どもを信じあたたかい言葉をかけることです（「悪意に満ちた語りかけ」とは子どもを疑ったり決めつけたり，責めるような言い方をすることです）。教師が悪意に満ちた語りかけをしているとギスギスした冷たい人間関係が定着してきます。反対に教師が好意に満ちた語りかけをしていると，子ども同士にも少しずつ好意が育ち，あたたかい雰囲気や友だち

と助け合う信頼関係が育ってきます。あたたかい雰囲気のクラスが，疎外されがちな発達障害のある子どもたちに大切なのは言うまでもありません。

　通常の学級を20年近く担任し，学級崩壊のクラスも経験した私は，いま再び「子どもを思う気持ち＝好意に満ちた語りかけ」が1番大切だという原点に戻ってきています。若い頃，自分の甘さに打ちのめされ「やさしさも思いやりも必要じゃない！」と極端に振り切れた私の振り子の針は，ようやく「子どもを思う心」と「職人技の技法」の真ん中の位置に戻りつつあります。

　私は「北風と太陽」の話が大好きです。相手の心を変えるのは力づくではなく，あたたかさであるというお話です。私はあたたかく思いやりのある教師になりたいと思っていました。しかし実際は「あたたかく思いやりのある教師」になろうと思えば思うほど，その教師像からはどんどん離れていきました。子どもを怒鳴りちらし，力で押さえつけるだけの教師になりました。そこには，「あたたかさ」と「甘やかし」を混同し，「思いやり」と「なれ合い（迎合）」をはき違えた教師の姿がありました。私には冷静な分析や技法がなかったのです。その甘さを教えてくれたのが，発達障害のある子どもや家庭に居場所のない虐待された子どもでした。この子どもたちが，私に何が足りないかを教えてくれました。苦しかった1年が，私の成長の糧になり，「20個の取り組み」を考える原動力になりました。

「20個の取り組み」を考えるときに大切にしたコンセプト
① 効率よく大きな効果があがる取り組みから始める

　通常の学級担任は多忙な上に，学校現場には新しい課題がどんどん投げ込まれてきます。すべてを同じように完璧にこなそうとすると，疲労困憊（こんぱい）して余裕がなくなってしまいます。なるべく効率よく小さな労力で，大きな効果のある取り組みから始めます。まずクラスを落ち着かせることを第一にしました。忙しい先生方にまず「やってみようか」と思ってもらえなければ意味がないと考えました。

② 授業にくいこまない取り組み（授業時間を削らない）

　SSTやロールプレイなど子ども同士のコミュニケーション能力を育てる取り組みは，最大限取り入れるべきです。ただ授業時間を大幅に削ると授業が遅れ，学期末に学習を詰め込まれたりテストが続き，支援の必要な子どもにとってはかなりの負担になります。なるべく授業の中で取り組めるSSTを目指し，授業時間を削らないことを配慮して考えました。

③ どの児童にもあてはまる最大公約数的な取り組み

　教室にはLD・ADHD・広汎性発達障害，そして被虐待児，精神的に不安を抱えている子どもなどが混在しています。発達検査を実施し，医療機関につないで診断を仰ぎ，それぞれの認知特性に合った取り組みをするのがベストですが，すべてを網羅するのは困難です。なぜならそれを了承しない保護者もいらっしゃるだろうし，本人がいやがる可能性もあります。そこで，通常学級では，それらの子どもたちに合う「最大公約数的な取り組み」「ユニバーサルデザイン」が必要だと考えました。

④ 「個別指導」と「クラスづくり」は車の両輪

　クラスが荒れてくると，どの子も支援の必要な子どもに見え，1つひとつのトラブルに丁寧にかかわろうとすると，もぐらたたき状態になります。クラスが落ち着いてくると，本当に支援の必要な子どもが浮き上がってきます。そこで，それぞれの子どもの認知特性に合わせた支援を忘れてはいけません。「個別指導」と「クラスづくり」は車の両輪で，どちらが欠けても車は脱輪してしまいます。

　そんな思いでまとめた20の取り組みを紹介いたします。ぜひ明日からちょこっと，無理なく試してみてください。

1 ケンカの芽をつむ「いがいが言葉」撲滅への取り組み

Q 教室で，もめごとやケンカが絶えません。「だまれ」「死ね」などの暴言まで飛び出し，困っています。どうしたらケンカが減るでしょうか。

A まず，ケンカの芽となる暴言をつみとることが大切です。暴言に「いがいが言葉」と名前をつけて，「いがいが言葉決別の授業」をします。また，その後も「黒板で視覚化」「気持ちの文章化，言語化」を通して暴言を減らす取り組みを続けます。また，反対の言葉に「ほんわか言葉」と名前をつけてそれを増やすような働きかけも行います。

ポイント
「いがいが言葉」を減らす取り組みだけでなく，「ほんわか言葉」を増やす取り組みも同時に実施します。

コツ
「いがいが言葉」と「ほんわか言葉」を分けるだけでは，暴言は減りません。授業中も見逃さず，許さないという教師の姿勢が必要です。

◆　　◆　　◆

　本項ではケンカの芽をつむために「いがいが言葉」を減らし，「ほんわか言葉」を増やすための具体的な取り組みを紹介します。

　教室には，挑発する子ども，からかわれやすい子どもがたくさん存在します。特に障害特性上，冗談を理解しづらい広汎性発達障害のある子どもは，ちょっかいをうまく受け流せず，挑発される可能性が高くなります。

　子どもたちがトラブルになっているのを見ると，たいてい「だまれ」「う

ざい」「死ね」などの挑発する言葉が飛び交い，お互いを傷つけ合っています。これらの言葉を減らすことは，安全で秩序のある学級をつくるために不可欠です。これらの言葉を減らすことで，教室の荒れの大半は収まると思われます。なぜなら，もめごとやケンカのほとんどは「挑発する言葉」から始まることが多いからです！

1 「いがいが言葉」と「ほんわか言葉」に分ける

　年度初めに，道徳の時間を1時間だけ使い，「いがいが言葉決別の授業」を行います（授業時間をなるべく減らさない）。「今まで，友だちに言われていやだった言葉，心が傷ついた言葉はありますか？」と子どもたちに聞きます。すると「だまれ」「うざい」「消えろ」「死ね」などたくさんの言葉が出てきます。それらを黒板に書いて「いがいが言葉」と名前をつけます（別の言葉でもかまいません。「ちくちく言葉」など）。

　反対に，言われてうれしかった言葉も発表させます。「ありがとう」「ごめんね」「どんまい！」などの言葉が出てきたら，それらも黒板に書き「ほんわか言葉」と名前をつけて，グループ分けをします。どの言葉が友だちを傷つける言葉で，どの言葉が励ます言葉なのかをはっきりさせ，全員で確認します。

　そして授業の最後に「このクラスでは，今日からいっさい，『いがいが言葉』は禁止します！」ときっぱりと宣言します。

2 「いがいが言葉」を減らす取り組み

　「『いがいが言葉』を禁止する」と宣言しても，なかなか「いがいが言葉」は減りません。なぜかというと，「いがいが言葉」が癖になっているからです。「いがいが言葉」を減らすためには，さらにいくつかの取り組みが必要です。

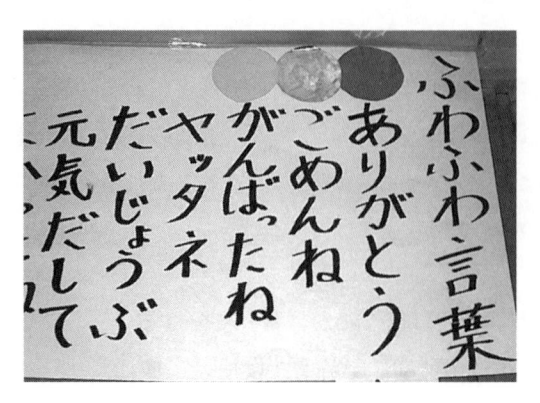

「ふわふわ言葉」（ほんわか言葉と同意）の掲示

(1) 「いがいが言葉」が癖になっている

　子どもたちは，腹を立てた時やむかついた時に，「いがいが言葉」をまるで接尾語のように使っています。「うるさいんじゃ，だまれ」「どっかいけ，死ね」といった具合です。

　子どもたちはテレビやマンガで「いがいが言葉」を聞き，自分自身も言われたという経験をしています。ですから，「いがいが言葉」を使う子どもは「悪い子ども」と決めつけるのではなく，「あなたたちは『いがいが言葉』を使うことが癖になっているだけ」と少し好意的に言います。

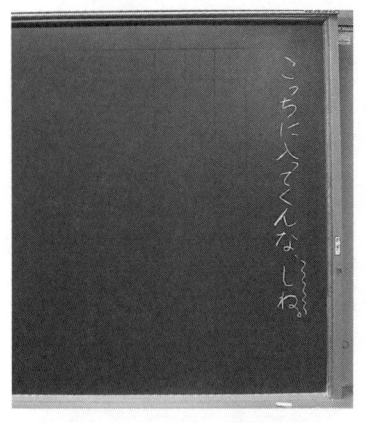

　そして，「だからその癖になっている言葉を，ガチャンと切り離そうね」と提案します。

(2) 黒板で視覚化

　「いがいが言葉」が癖になっている子どもたちは，授業中でも，隣の子どもがちょっと机に侵入したのを見つけては，「こっちに入ってくんな，死ね」などと口汚くのしっています。そんな「いがいが言葉」を耳にしたら，授業中でも見逃さずにすぐ

黒板のスミに「いがいが言葉」を書く

に黒板の端（スミ）にその言葉「こっちに入ってくんな，死ね」を叱らずにだまって板書します。
　次に「この中の『いがいが言葉』に波線を引いてみよう」と誰かを指名し，波線を引いた後「この『いがいが言葉』を『ほんわか言葉』に変えてみよう」と言います。子どもたちは「ごめん，こっちに入ってこんといてね」「こっちに入らんといてくれる？」などと答えます。黒板の「いがいが言葉」を「ほんわか言葉」に書き換えた後，言った本人にその「ほんわか言葉」を音読させて終わり。１分です。終わったらすぐに消します。これを繰り返していくと，だんだん「いがいが言葉」が減ってきます。

❖　黒板のスミに書くことが有効なのは……
① 視覚化すると，自分がいかに汚い言葉を使っているかがわかります。（耳だけで聞くより視覚化する方が，聴知覚に困難をもっていがちな広汎性発達障害のある子どもはわかりやすい）
② 発達障害のある子どもはメタ認知が弱く，客観的に自分を振り返ることが難しいので，黒板に書くことによって，自分の言葉を振り返ることができます。
③ 黒板に自分のセリフをそのまま板書されることは，その子どもにとっては少しプレッシャーになります。
④ 「いがいが言葉」のたびにいちいち叱っていると，授業時間が削られてしまいます。叱らずに書いては消す，書いては消すを繰り返すことによって，「いがいが言葉」を減らします。（参照⑤「叱るのはあっさり，行動はしつこく」）

---

(3)　文章化させる・言語化させる
　子どもたちは自分のむかつく気持ちやいらつく気持ちをうまく表現できないために，ついつい「いがいが言葉」を使ってしまいます。自分の気持ちをうまく言語化できないのです。

ですから，小さく切った紙をたくさん用意しておき，「いがいが言葉」を耳にしたら，すぐにその紙を渡し「今の『いがいが言葉』を違う言葉に変えて，主語と述語をつけて文章にしなさい」と言います。

　たとえばある子が「うざいんじゃ，死ね」と言ったとします。それを文章化すると「A君が机のそばを通った時に僕の足を踏んだので，僕は腹が立って『A君，今すぐここで死んでください』と言いました」という文になります。それをみんなの前で音読させるのもいいかもしれませんし，「これをA君の両親に見せられる？」「あなたが友だちにこう言われたらどんな気持ちになる？」とたずねてみてもいいでしょう。ここまでしなくても，書くこと自体を面倒に思う子どもが多いので，紙に書かせるだけで充分な抑止力になります。

❖　文章化させると有効なのは……
①　主語と述語をつけることで，自分の気持ちがはっきりします。
②　主語と述語をつけると，自分がいかに汚い言葉を発しているかがわかります。
③　文章化することで，クールダウンして冷静になれます。
④　なぜそんな言葉を使ったのか，教師が子どもの本当の気持ちを分析できます。
⑤　書くこと自体を面倒に思う子どもが多いので，だんだん「いがいが言葉」が減ってきます。

---

(4)　「いがいが言葉」を使っていると……人生下り坂?!

　「『いがいが言葉』を使っている人と，『ほんわか言葉』を使っている人では，10年後に差がついているよ。『いがいが言葉』を使っている人は人生下り坂，『ほんわか言葉』を使っている人は人生のぼり坂になります（笑）」と少し笑いを交えて「友だちの心を傷つけない」ためだけではなく「自分の人生のために『いがいが言葉』を使わない」ということを子どもの心に叩き込

みます。

(5) 「いがいが言葉」は，元から絶つ

　自己コントロール力が弱いADHDを含む発達障害のある子どもたちは，挑発されたら言い返してしまいます。そして，どんどんエスカレートし，自分で気持ちを収めることが困難です。ですから，「いがいが言葉」を言い始めると，感情が高ぶり途中でやめることができないばかりか，ケンカや暴力に発展することも珍しくありません。

　殺人に発展するような重大事件も，言葉に関するトラブルがきっかけで起こることも少なくありません。初めの一言から「いがいが言葉」をやめさせることが大切です。

(6) いがいがポイ

　「いがいが言葉」を減らすために，教室の隅に「いがいがポイ」と書いたビニール袋を貼りつけておきます。誰かが「死ね」と言ったら，画用紙の短冊に，すぐさまマジックで大きく「死ね」と書きます。それを子どもたちの目の前で，ビリビリと破り「いがいがポイ」のビニール袋に投げ入れます。いかに教師が「いがいが言葉」を嫌っているかを，動作化するのです。憎しみを込めてビニール袋に投げ捨てると効果的です。これは子どもにさせてはいけません。なぜなら破って投げ入れるのがおもしろくて，わざと「いがいが言葉」を言う子どもがいるからです。必ず教師がします。

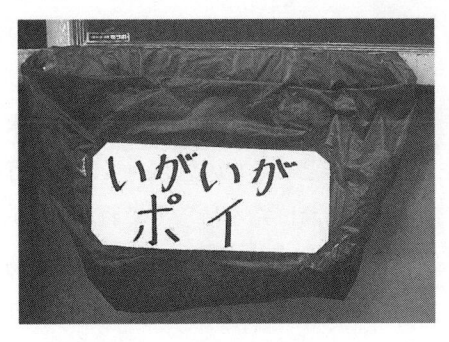

いがいがポイ

3　「ほんわか言葉」を増やす取り組み

「いがいが言葉」を減らす取り組みと共に,「ほんわか言葉」を増やす取り組みも必要です。

(1)　ほんわか言葉の木

「いがいが言葉決別の授業」の際にも「『ほんわか言葉』を増やそう」と子どもたちに提案しますが,こちらも継続して取り組む必要があります。

そこで,後ろの掲示板に「ほんわか言葉の木」をつくって,掲示します。木の幹だけを掲示板に貼り,子どもたちが新しい「ほんわか言葉」を使うたびに,その言葉を書き込んだ葉っぱを木の幹に貼りつけていくのです。これは,子どもたちが「ほんわか言葉」を使うたびに,木が繁るという,視覚支援で,さらに「ほんわか言葉」を使おうとする動機づけになります。

あるクラスでは,家庭でも「いがいが言葉」を減らしてほしいという願いをこめて,4月最初の保護者参観日に「いがいが言葉決別の授業」をしました。その後,掲示板に「ほんわか言葉の木」を貼り,「ほんわか言葉」を書いた葉っぱを増やしていきました。次の6月の参観日に来た保護者が,豊かに繁った「ほんわか言葉の木」を見てとても喜ばれたようです。保護者の担任への信頼が強まる取り組みでもあるのです。

その後,そのクラスでは思わぬ意見が出ました。子どもたちの方から「先生,今度は『ほんわか行動の木』をつくろうよ」という声が上がったそうです。それには,担任の方がびっくり。その意見を尊重して「ほんわか行動の木」をつくって貼り,子どもたちの思いやりのある行動,たとえば「重いおぼんを持ってくれた」「みんなのあさがおに水をあげていた」などを,果物をかたどった画用紙に書いて貼りました。色とりどりの果物がたわわに実り,教室も明るくなりました。

ふわふわ言葉の木
(「ほんわか言葉の木」と同意)

また違うクラスでは、「ほんわか言葉の木」を大きくかたどり、「ほんわか言葉」が出るたびに、シールを貼りつけていきました。シールの色を変えるとカラフルで、シールが増えることを子どもたちも楽しみにしていました。

(2) ほんわかプリント

　何かトラブルが起こった時に、どんな「ほんわか言葉」をかけたらいいかを考えさせる取り組みです。予想されるトラブルの絵を用紙の中心に描き、まわりに吹き出しをたくさん書いたプリントを用意します。その吹き出しにできるだけたくさんの「ほんわか言葉」を書かせます。

　たとえば、サッカーの試合でシュートを失敗してしまった友だちに対する「ほんわか言葉」を考えさせます。「どんまいどんまい」「今度は僕が入れるよ」「次がんばろう」「ファイト！」「気にすんな」など、吹き出しにたくさん書き入れた子どものプリントを紹介します。たくさん書けた子どもをほめたり、学級通信で紹介したりします。

　25ページに「友だちが先生の花瓶を割ってしまった時！」のプリント例を紹介しました。

(3) ほんわかロールプレイ

　ほんわかプリントを元にして、てロールプレイをしてみます。シュートを失敗した子どもを演じて、「ほんわか言葉」をかけてもらうとどんな気持ちになるか体験すると、演技とわかっていても、「ほんわか言葉」をかけられた時に、あたたかい気持ちになることがわかります。

(4) ほんわかサッカー・ほんわかゲーム

　ほんわかプリントでたくさんの「ほんわか言葉」を吹き出しに書けたとしても、所詮それは頭で考えたこと。スポーツやゲームなどで勝負がからんでくると、本能がむき出しになり、「いがいが言葉」が飛び交います。教室ではわかっていても、現実場面では自分の気持ちを抑えることが難しいのです。

　そこで、体育授業中のサッカーやバスケットの試合で、時々ルールを変えて「ほんわかサッカー」「ほんわかバスケット」を行います。従来のシュー

トの回数に加えて「ほんわか言葉」を言った回数をカウントして合計するのです。「ほんわか言葉」の数をかぞえるために，審判は複数にします。相手チームに「いがいが言葉」を使ったら，減点しても良いでしょう。勝負がからむといかに「ほんわか言葉」を使うのが難しいかを体感できます。そして意識して使うことが，「ほんわか言葉」を増やすことにつながります。

　教室でゲーム（トランプ・フルーツバスケットなど）をする時も同様にほんわかサッカーのルールで実施してみます。

(5)　ほんわか日記

　筆者はときどき連絡帳に，ひとこと日記を書かせていました。毎日書かせるとこちらにチェックする時間がないので，授業時間数が多い日（筆者の場合は，火曜日や木曜日など）に書かせます。

　実は我が子の担任がひとこと日記を書かせて下さっていて，家であまりしゃべらない子どもの学校での様子が伝わってきて安心しました。保護者としてとてもうれしかったので，真似をさせてもらいました。

　初めは，教師が黒板に１行書き，その続きを子どもたちに書かせます。作文が苦手な児童でも書きやすくなります。

　たとえば，教師が「今日はプールに入ったよ」と黒板に書き，「だるま浮きができるようになったよ」「水が冷たかったよ」と子どもたちがそれぞれに続きを書き加えます。連絡帳をチェックする時，余裕があれば「上手にできたね」などと教師もひとこと返事を書いて返すようにしていました。こちらが話題を提供しているので，ひとこと書く時でも早く返事が書けます。

　そのひとこと日記の内容を時々「今日は『ほんわか言葉』を言ったよ」にして，子どもたちに続きを書かせます。「Ｂ君が失敗した時に『ファイト』って言ったよ」「Ｃさんが答え合わせを間違った時に，『どんまいどんまい』と言ったよ」などど子どもたちは続きを書きます。すると子どもたちも意識して使うようになりますし，家で連絡帳を見る保護者にも学校の取り組みを知っていただくことができます。そして，子どもたちは，「ほんわか言葉」

友だちが先生の花瓶を割ってしまった時！

なまえ（　　　）

ほんわかプリント例

を使うことで，教師にも保護者にもほめてもらえるのです。

(6) ほんわかキャンペーン

「ほんわか言葉」をもっと増やすために「ほんわかキャンペーン（ほんわか言葉強化週間）」を設けます。長期間続けると新鮮味がなくなるので，1〜2週間ぐらいが適当です。キャンペーン期間中は，ほんわかカードをつくり，毎日どんな「ほんわか言葉」を使ったかを，カードに自分で記録させます。カードは毎日教師がチェックしやすいように，連絡帳の裏表紙に貼りつけるのが良いでしょう。「ほんわか言葉」の数によって，金・銀・銅などのシールを貼るのも効果的です。

強化週間が終われば，たくさん「ほんわか言葉」を使った子どもに表彰状を渡したり，懇談会で保護者に話したりします。家で懇談会のことが話題にのぼると，家族にもほめられて子どもの自尊心が高まります。

「いがいが言葉」を減らし，「ほんわか言葉」を増やす取り組みを続けるうちに，子どもたちは，自分の使う言葉に意識を向けたり，自分の気持ちを言語化できるようになってきます。すると，言葉によるもめごとが減り，少しずつクラスが落ち着いてきます。

コラム　マズローの欲求の階層

アメリカの心理学者マズローは，人間には主に5つの欲求があると，その欲求の優先順位を示しました。最終的な自己実現（その人の能力を最大限に活用し，その人が希望する自己になろうとする願望レベルになる）には，下から4番目までの基本的欲求を，下から満たしてあげる必要があるとされています。

「早寝早起き朝ご飯」「質のいい眠り」が保障されることは，①生理的・心理的欲求が満たされることで，学級崩壊やいじめ，虐待がある環境では

②安全欲求が満たされません。また自分の居場所があり，信頼関係が構築できる人が存在することが③所属・愛情欲求を満たすことになります。そして，マズローの理論によれば，セルフエスティームが高められて初めて，知的好奇心・学習意欲が生まれ，人は努力して自分を高めようとします。

　自ら「やろう」「やってみたい」と思える子どもを育てるために，まず，あったかクラスづくりで，基本的な欲求を満たしていきましょう。

　マズローは，「精神的健康の１つの特徴は好奇心である」とも述べています。つまり基本的欲求を満たすことから始め，子どもがもつ「知ることと理解することの願望」をうまく育てる教育は，メンタルヘルスにプラスの影響を与え，不登校になる子どもは減少するでしょう。発達障害のある子に多い，感覚過敏からくる一見，問題行動に思えるトラブルも，「安全の欲求が満たされていない」という視点で見ると，単なる「わがまま」ではないことがわかります。

【参考文献】 フランクル・ゴーブル著『マズローの心理学』産能大学出版

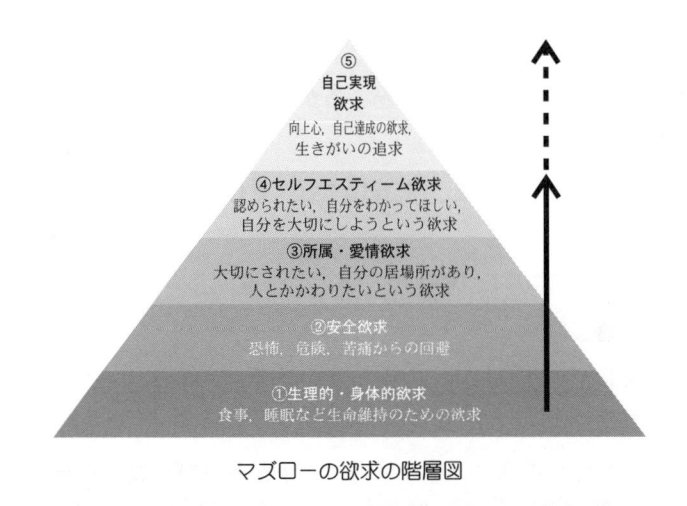

⑤ 自己実現欲求
向上心，自己達成の欲求，生きがいの追求

④ セルフエスティーム欲求
認められたい，自分をわかってほしい，自分を大切にしようという欲求

③ 所属・愛情欲求
大切にされたい，自分の居場所があり，人とかかわりたいという欲求

② 安全欲求
恐怖，危険，苦痛からの回避

① 生理的・身体的欲求
食事，睡眠など生命維持のための欲求

マズローの欲求の階層図

2 効果バツグン！ 叱り方の3段階
「森レベル・林レベル・木レベル」

Q 最近の子どもを叱る時は……

① ダメでしょっ！ どなっても… うるせえっ！！
② これからはよそうねっ やさしくしても… ツーン
③ どうしたらいいの…？ ダメ…

A 怒鳴るのは逆効果です。叱る基準をはっきりさせ，見通しをもたせます。そして1年間，その基準を変えません。

ポイント
感情的に怒鳴ると，怖がられるどころか，かえってなめられます。

コツ
叱ることを最低限に減らし，どうしても注意しなければならない時は，毅然と注意します。

◆　◆　◆

1　叱り方は難しい

　同じことをしても昨日は叱らなかったのに今日は叱る，2人の子どもが同じことをしたのに1人は叱ってもう1人は叱らないなど，自分の感情や好き嫌いで叱り方を変える教師のクラスにいる子どもはびくびくします。また，「えこひいきする教師」と言われ，子どもに嫌われる教師のワースト1です。大人でさえ，いつ感情を爆発させるかわからない上司や家族と過ごすのは苦

痛です。まして不安の強い広汎性発達障害のある子どもにとって，教師にいつ叱られるかわからないクラスでは，落ち着いて過ごせません。

そして何より，感情的に怒ってしまう教師はなめられます。大声をあげて感情的に怒れば，子どもたちが怖がって指示が通ると思うのは大間違いです。低学年ならなんとか言うことを聞いても，小学校高学年や中学生になると，反対になめられるのです。感情的に怒る教師は，教師の品格に欠けます。

子どもたちは感情的に怒鳴る教師を見ると，「大人気ない」と軽蔑し始めます。弱い立場の子どもをつかまえて，金切り声で怒鳴る教師を見ている周りの子どもたちは「あれくらいのことでムキになって，アホちゃうか」となるわけです。

2 叱り方の3レベル

教師が叱る基準を告知しておくと，見通しが立ち，広汎性発達障害のある子どもを含めどの子も安心してクラスで過ごすことができます。見通しの立つ叱り方を，4月の初めに構造化して一年間，叱り方の基準を変えません。

筆者はいつも叱り方を次の3段階に分けて，4月の初めに子どもたちに知らせています。

> 「森レベル」震え上がるほど怖い……人の心と体を傷つけた時
> 「林レベル」わりと怖い………………できることをしない時
> 「木レベル」それなりに怖い…………名札を忘れた・給食を残した時

私は，子どもが勉強で間違っても絶対に叱りません。けれど，教師それぞれの価値観が違いますので，自分の基準を考えてみるとよいでしょう。ただ基準はなるべく短い方が覚えやすいと思います。

森レベルの「人の心と体を傷つけた時」という基準はどんな時でも使えます。友だちの心を傷つける「いがいが言葉」はもちろん，いじめや仲間外れ

は許さないし，体を傷つける暴力やケンカ，そして自分の体を傷つけるような危険な行為も許しません。ほめることは子どもを伸ばす一番の方法ですが，叱ることをせずに教育は成り立ちません。人の命にかかわることを叱らずにすませることができるでしょうか。

3　叱り方のコツ

　叱り方にはコツがあります。毅然とあっさり叱る……決してねちねちしつこく叱りません。しつこい叱り方や感情的に怒るのは逆効果です。なぜなら，ADHDタイプの子どもは集中時間が短く，しつこく叱っているとそのうちに集中力がとぎれてしまいますし，広汎性発達障害のある子どもは，大声で怒鳴られるとパニックになります。また，広汎性発達障害のある子どもは聴覚的な困難をもつことが多いので，怒鳴るとかえって音が割れ，言葉が聞き取れません。そして，他のどんな子どももずっとしつこく叱っていたら，何が大切なのかわからなくなります。（参照⑤「叱るのはあっさり，行動はしつこく」）

　あっさり叱るのは「先生は君の行動について叱っているが，君を嫌いなわけではない」ということをわかってもらうためでもあります。ねちねちと叱ったり，教師がマイナスの感情を長引かせ，いつまでも不機嫌さをあらわにしていると，子どもたちは自分が教師に嫌われていると誤解します。「叱っているのは君の行動に対してのみ」ということをわかってもらうために，毅然と叱った後は，すっと引き，次の場面では何もなかったようにトーンを変えることが大切です。

　森レベルでは毅然と叱りますが，森レベルを効かせるために他のレベルでは，叱り方のトーンを下げます。特に木レベルではぐっと下げて，森レベルを際だたせます。木レベルで強く叱っていると肝心な時に効きません。

　「人の心と体を傷つけると，森レベルです」と普段から言い聞かせておくことも大切で，周知しておけば教師に「森レベル」で叱られても，ある程度

あきらめがつきます。

　叱った後の対処の仕方もポイントです。「森レベル」以外は「謝る＋現状復帰」を指示するだけで充分です。忙しい時に，子どもが給食の食缶のおかずをこぼしたからといって，カッとなり怒鳴ってはいけません。こぼしたぐらいで感情的に怒るのは，自分の怒りをコントロールできていない証拠です。給食をこぼした時は，「謝る」そして「後片づけをして雑巾でふく」と指示します。ガラスを割ったら，「謝る」そして「ガラス片を掃除して新聞紙を貼る」と指示します。そして，掲示物を破ったら「謝る」そして「セロハンテープで修復する」です。できたら「ありがとう」とさっとほめます。教師が現状復帰を指示することは，教師が「感情をただぶつけているだけ」でないという証明にもなります。

　木レベル程度ではほとんど叱りませんが，それでは名札忘れなどは減りません。ではどうするのか？　筆者は叱るかわりに④「叱るより笑えるタイムアウト」で対処しています。

　叱る基準があいまいでなくわかりやすいこと，どんな時に叱られるのか見通しをもてることは，広汎性発達障害のある子どもにとっては大切な支援です。そして，それはクラスのどの子どもにとっても大切なことです。

　教師は感情にまかせて怒るのではなく，基準を遵守して叱り，叱った後は常に子どもたちになぜ叱られたか問いかけます。問いかけることによって，自分がどの基準で叱られたかを確認させるのです。この基準が一年間ぶれることなく，守られることが大切です。そのために教師は，叱る前に冷静にならなくてはいけません。叱ることが妥当であるかを常に自分に問いかけ，時には俳優・女優のような演技をすることも必要です。

　とはいえ，筆者もつい感情を爆発させてしまうことがあり，そんな時は「これで手持ちの札が一枚減ったな。いざという時の効き目が減った。もったいない」と思うようにしています。そう思うことが，次の感情のコントロールに役立ちます。

3 静かな教室をつくる！ サイレントモードでクールダウン！

Q 子どもたちが，口ぐちにおしゃべりをして「静かにしなさい！」と大声で言っても，聞いてくれず，困っています。どうしたら静かになるでしょうか。

A 「サイレントモード」を使います。短時間ですが，いっさいおしゃべりしない時間です。「静かにしなさい！」と怒鳴るより効果的です。

＊従来「おだまりモード」と銘打っていましたが，より般化するために「サイレントモード」にしました。

ポイント

怒鳴って静かにさせようとすると，かえって逆効果です。教師の声が子どもたちの声にかき消されるか，大声が余計に子どもたちの興奮を誘います。静かな時間を確保することによって，興奮を下げて落ち着かせるのです。

コツ

「サイレントモード」を実施する時は，同時に静かに呼吸させます。すると自律神経の興奮もだんだん収まってきます。

◆　◆　◆

本項では静かな教室にして，教師の話を聞かせるための取り組みを紹介します。

1 教室の音を徹底的に減らす

教室では誰か1人でもしゃべりだすと，あちらこちらでおしゃべりが増えてきます。鉛筆をコンコンと鳴らす音や椅子をギーギー鳴らす音も，教室中

にだんだんと広がってきます。音を鳴らしてもかまわないという雰囲気が教室を漂い，音が音を呼び，教室は騒然となっていくのです。

　音を出している子は，無意識に鳴らしています（もしかしたら，多動が原因かもしれません）。音が増えてくると教室が騒然となるのは当然のことですが，聴覚的に困難を抱えている子どもは，音が増えると先生の話し声が聞き取れなくなってしまいます。

　またADHDタイプのような興奮しやすい子どもは，音によってさらに興奮が高まる傾向があり，隣のクラスから工作で使う金槌の音が聞こえてくると，落ち着きがなくなります。非常ベルが誤作動で鳴り始めようものなら，興奮してどこかへ飛び出さんばかりです。

　4月の初めに全員に，「先生は授業中の不必要な音が嫌いです。なぜなら，音が多いと大事な話を聞き取れない友だちがたくさんいるの。だから音はやめてね」とお願いします（不必要な音が鳴っていると先生の声が聞こえないね。「じゃあ静かにしよう！」と子どもたちから引き出せると，なお良いのですが……）。しかし，こうお願いしたくらいでは音は減りません。なぜなら子どもたちは無意識に音を鳴らしているからです。でもそこで「音をやめなさい」と大声で注意してはいけません。教師の大声が，また教室を騒然とさせてしまうからです。

　4月の最初は少し手間がかかりますが，音を鳴らしている子に近づき，そっと注意します。小さな声やひそひそ声，または肩にそっと手を置いて気がつくように促します。なるべく個別に近づいて「音をたてないでね」「椅子が鳴っているよ」と低い静かなトーンで注意します。そして教師自身も音に細心の注意を払います。教室を歩く時は忍者のようにそっと歩き，給食の食器はそっと静かに置き，ドアの開け閉めもなるべく音をたてないようにして，全身で「先生は音が嫌い」という雰囲気を醸し出すのです。2学期になると，教師がジェスチャーやアイコンタクトで「音を出すのはやめて」と制止する

だけで、音に気がつき、やめるようになります。クラス全体が音を鳴らすことに敏感になるにつれて、教室も静かになっていきます。

2 「静寂の時間」の投入
　教室を静かにする方法の2つ目です。
(1) 「サイレントモード」
　子どもたちが興奮しておしゃべりをしたり笑ったりしている時に、教師が大声で「だまりなさい」「静かにしなさい」と注意しても収まるどころか、どんどんエスカレートすることがあります。教師の声が子どもたちの声にかき消されて聞こえないばかりか、教師の大声がさらに子どもたちの興奮を煽ってしまうのです。

　そうなると授業が中断されるのは当然ですが、騒然としたクラスから逃げ出したくなる子どももいます。昼休みの後はいっそう顕著です。昼休みに遊んだドッジボールの勝ち負けや、誰が運動場のボールを持って帰ってくるかどうかでもめていたりして、教師が「静かにしなさい」と大声で怒鳴っても、その声にさらに興奮が増し収拾がつかなくなります。

　そんな時「サイレントモード」を使うのです。「サイレントモード」とはおしゃべりをいっさいしない時間です。おしゃべりが止まらない時は、怒鳴らずに「これから『サイレントモード』を始めます。1分です。5・4・3・2・1・0」と始めます。あらかじめ、「サイレントモード」の時は「3で息を吸って、6でゆっくり吐く」と教えておくと広汎性発達障害タイプの子どもは一般的にルールに厳格で、律儀に呼吸しています。この呼吸法は自律訓練法の1つなので、少しずつ落ち着いてきます。怒鳴ることなく、「サイレントモード」を投入することでクールダウンさせることができます。

　ADHDのある子どもは興奮しやすいので、なるべく教室を低刺激にすることによって落ち着かせます。ADHDのある子どもは強く縛りつけると逃げ出してしまいますが、適切な軽い縛りは必要です。つまり、「一日中、だまっ

ていなさい」という指示を守るのは無理ですが，5分ほどだまって過ごすことならできるかもしれません。

何かをきっかけに子どもたちはまた興奮して騒がしくなりますが，その時も「火消し」の水をまくつもりで，「サイレントモード」を投入します。

たいてい1〜5分ぐらい，1日に数回，読書タイムや視写，書写の時に使います。静かになることで集中力もアップするようです。ポイントとしては，終わった時に教師が「はい終わり！」と大声を出さないことです。大声を出すと，また教室がうるさくなってしまいます。「はい終わり。では26ページを開いて下さい」と低いトーンで始めます。そのことによって静かな時間が持続されるのです。なるべく静かな時間を大切にし，静かな教室があたりまえの環境に整えます。

初めて導入する時は読書タイム等，必ず静かにできる時間を選びます。ついおしゃべりしてしまう給食準備中や終わりの会等は避けます。初めに成功体験を積ませてから，徐々に難易度の高い時間帯に挑みます。

(2) 「ひそひそモード」

「ひそひそモード」も効果的です。ひそひそ声（無声音）でしゃべる時間です。発達障害のある子どもたちは声の大きさの調節が苦手で，いきなり場にそぐわない声を出してしまうこともあります。しゃべるといきなり「体育館モード」なのです。

しかし「ひそひそ声でしゃべりなさい」と言っても，なかなかうまく声が出せません。年度当初にクラス全員でひそひそ声の練習をすると良いでしょう。喉に手をあてて，「あ〜」と声を出します。声を出した時に喉が震えると有声音です。無声音は喉が震えません。このようにひそひそ声を出す練習をしてから，総合的な学習の時間や図工など，友だちと相談したり文房具の貸し借りが必要な授業の時に「ひそひそモード」を使います。ひそひそモードを使うと15〜30分は課題に集中することができます。不注意で気が散りやすい子どもも，周りのしゃべり声がなくなると，集中力がアップするようです。

しかし，せっかくの「サイレントモード」も「ひそひそモード」も，初めはわざと大声を出す子どもが出てきたりします。そこで教師が「A君だまって！」と大声で注意すると，その子の思うツボです。みんなの注目をひくことができるからです。そんな時は，教師もだまって黒板に「A君タイムアウト」と書いて④「叱るより笑えるタイムアウト」につなげます。「サイレントモード」と「笑えるタイムアウト」を連動させると，だんだん「サイレントモード」が効いてきます。そのうちにカードを黒板に貼るだけでおしゃべりをやめるようになり，それとともに教室が静かになってきます。（参照④「叱るより笑えるタイムアウト」）

　烏合の衆のがやがやと集団の活発さとは，別次元の問題です。「サイレントモード」「ひそひそモード」を効果的に取り入れると，めりはりのきいた活発なクラス集団を構成することができます。

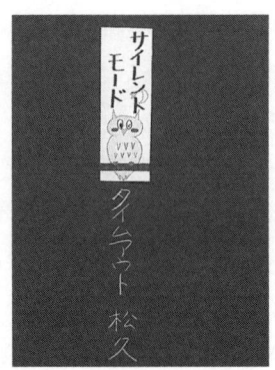

「ひそひそモード」と「サイレントモード」のタイムアウト

3　教師が騒音にならない

　静かな教室にする方法の3つ目です。教師が騒音にならないように「言葉を減らす」「非言語を使う」「怒鳴らない」という3つの提案です。クラスが落ち着かなくなると，教師も大声で注意をすることが増え，教室がさらに騒がしくなって……という悪循環を断ち切るものです。

(1) 言葉を減らす

　筆者は若い時に研究授業をすると，指導者から必ず「もっと発問や説明を減らしなさい」「しゃべりすぎ」と注意されました。しかしその意味がよくわかりませんでした。なぜなら，たくさん説明する方が親切で子どももわかりやすいと思っていたからです。

　しかし広汎性発達障害の特性を理解するにつれ，考えが変わってきました。広汎性発達障害のある子どもは，言語コミュニケーション能力に多くの課題をもっています。言葉の意味理解が苦手な子どもに，長い説明はありがた迷惑です。私たちも知らない英語で長々と説明されるより「ストップ」や「ゴー」など短く簡潔に指示される方がわかりやすいはずです。

　ADHDタイプの子どもは，長々とした説明が苦手です。障害特性上，イライラ感や焦燥感をもっているからか，教師があれこれ細かく指示を出すと煩わしく感じ，反抗的になるようです。

　言葉を削るとそれだけ教室が静かになり，発した言葉に重みが増します。逆にしゃべればしゃべるほど，二次障害で反抗挑戦性障害になった子どもに「あげあし」を取られる可能性も高まります。たとえば掃除をさぼっている子どもに「あなた，また掃除をさぼっているの!?　昨日も一昨日もさぼっていたわよ」と言うと「一昨日は違います。一昨日は掃除なしの日でした」となり，さらには㊛「でも昨日は絶対さぼっていました」㋙「昨日はやってたで！　いつもいつもオレばっかり疑いやがって。この前も……」となり，話がすり替わり何のことで注意していたのか，わからなくなってしまいます。「掃除は真面目にします」と言った方がすっきり伝わるのです。

　また，言葉が少ないほど，毅然として見えます。授業中は言葉を半分に減らし，休み時間は子どもたちに２倍しゃべりかけるように心がけてはいかがでしょうか。減らした言葉は，次の非言語や視覚支援で補います。

(2) 非言語を使う

　授業中に注意する，叱る，そしてほめる言葉さえ教室の音を増やします。

なるべく授業の流れに関係する言葉以外は，非言語，視覚支援，ジェスチャー，アイコンタクト，その子だけに聞こえるひそひそ声にします。黒板に書く，ハンドサイン，暗号も使えます。授業の発問と「その水筒を片づけなさい」と注意する声が同じトーンだと，聴知覚に困難をもつ子どもはどの言葉が大切なのかわかりません。不注意な子どもはすぐに気が散ってしまいます。ですから授業に関する発問だけが浮き上がるように他の言葉を削るのです。
　非言語を使えば使うほど，教室の音が減ります。そして非言語やアイコンタクトは同時に多くの子どもにメッセージを送ることができます。場面によっては大声よりひそひそ声の方が，子どもたちの注意を喚起し集中力を高めます。注意する言葉を非言語に置き換えると，子どもたちの心のざわつきも落ち着いてきます。
　机間指導でもなるべく非言語を使います。練習問題は静かに取り組むよう指示し，教師も静かに机間指導を行います。「これは合ってるよ」「間違っているから消しなさい」と言いながら歩くと，途端に教室がざわつくのです。アイコンタクトやジェスチャーで承認を与え，質問にはひそひそ声で答えるように心がけます。
　また高学年の子どもをほめる時は，心理的にも非言語の方が効果的です。たとえば「Ｂ君，きれいな字で書けてるねえ」とほめようものなら照れから「うるさいんじゃ，おばはん」と返されたりします。みんなの前でほめられるのは恥ずかしい年頃です。また教師にほめられて鼻の下を伸ばしているところをみんなに見られたくないのかもしれません。だから非言語でほめます。手でマルのサインを送ったり，うなずきながらにこっと微笑んだり，周りに聞こえないような小さな声で短くほめたりするのです。周りの友だちには知られず，本人だけに伝わるので反抗的にはなりません。そしてそういう扱いの難しい子どもほど，本当は教師にほめられたい子どもなのです。

(3)　怒鳴らない

　筆者は若い時，自分には力量がないと思っていました。体が小さく力がな

さそうで，すぐになめられそうなタイプだからです。若い時は力のありそうな男の先生や，怖そうな教師をうらやましく思ったものです。目の前にいるキレている子ども，暴れている子ども，感情を爆発させている子どもを抑えるのに，私には何の手段もないと思っていたからです。

そこで，大声で怒鳴る，またはキレている子どもよりさらにこちらがキレてびっくりさせる方法を試したこともありました。声の強弱で子どもを驚かせてコントロールしようとしました。そして，びっくりさせるために机を叩いて大きな音をわざと出していました。昔はこの方法で，一部の子どもがおとなしくなることもありましたが一時的で，真に効果のある方法ではありませんでした。

なぜなら，ADHDタイプで反抗挑戦性障害という二次障害をあわせもつ子どもは権威のある人に反抗します。だから教師が怒鳴れば怒鳴るほど，負けまいと思ってもっと反抗してきます。広汎性発達障害のある子どもたちは，突然大声で怒鳴られるとパニックになります。また聴知覚に困難をもつ子どもは大声になると音が割れ，内容が聞き取れなくなります。過敏さゆえに，大きな声に耐えられなくて教室を逃げ出すかもしれません。その結果，不登校になることも考えられます。

そして家庭で大事にされていない子どもや被虐待児は，今まで親に大声で怒鳴られたいやな思い出がフラッシュバックして，さらに興奮します。

怒鳴るとこちらの興奮が伝わり相手はますます興奮するのです。何より怒鳴ることは教師の品格に欠けた行為です。

私はどんな時でも，まずこちらの落ち着きに巻き込むよう意識しています。

❖　怒鳴らないためには……

　キレている子ども，暴れている子どもを目の前にして，教師はどうしたら良いのでしょうか。筆者はある時，興奮している子どもの背中をさすりながら，静かな落ち着いた声で「大丈夫か。つらいな」と言ったところ，

> その子どものパニックが収まったことがあります。
>   それは何故でしょうか。それまで筆者は子どもがキレている時に，こちらも同じように興奮してキレていました。私が子どもの興奮に巻き込まれていたのです。しかしこの時は，私は品格のある教師として子どもをこちらの落ち着きに巻き込んでいったのです。
>   子どもの挑発的な態度や，興奮に巻き込まれずに，逆にこちらの落ち着きに巻き込むことが大切です。怒鳴って，子どもが納得しないままに押さえ込むことではありません。勝とうとして言葉を多く使うと，逆にこちらの不用意な一言で子どもが逆上してしまうこともあります。子どもの興奮に教師が巻き込まれると，収拾がつきません。教師がおろおろせずに毅然と対処することで，子どもは落ち着きを取り戻すのです。

　授業中，ある子どもが「はいはい」を連発して，明らかに興奮してる時……そんな時も「C君，うるさい。静かにしなさい！」と怒鳴ると相手はますます興奮します。こちらの落ち着きを言葉にのせて，一呼吸おき，落ち着いたトーンで静かに首を左右に振りながら（非言語メッセージ）「C君」と名前を呼びます。非言語で"大きな声はだめよ"というサインを込めながら声をかけるのです。

　また休み時間の後，教室に戻るとガラスが割れて大騒ぎになっています。子どもたちは興奮しながら口々に「先生，D君が割ってん。E君が押したから突き飛ばそうとして手があたってん」と言います。つい「またD君か。誰かが怪我したらどうするんや。ガラス割ったら危ないやんか！」と大声で怒鳴ってしまいそうですが，そうすると，教室はますます騒然となり収まりがつかなくなってしまいます。そんな時もまず教師が落ち着いて一呼吸。静かな声で「まず座りなさい。話を聞くわ」と言うのです。すると子どもたちも「なーんや，大騒ぎするほどのことでもないんや」と落ち着いてきます。興奮していた子どもたちが，少しずつ冷静さを取り戻し，教室が落ち着くのです。

静かな教室をつくることは，発達障害のある子どもにとって大きな支援です。まず静かにさせるためのいくつかのスキル（「サイレントモード」や非言語など）を身につけることが大切です。静かにさせようとして教師が「静かにしなさい，おしゃべりをやめなさい」と怒鳴らないことです。そして何より究極のスキルは，感情的にならず，またおろおろせず，品格のあるプロの教師として，毅然と振る舞うことにつきます。

コラム　ボリュームゼロは内言語を育む

　言語には，外言語と内言語の二種類があります。外言語は，音声として外部に発せられるもので，内言語は内面の言葉，自分自身の思考の道具として機能する言語です。

　ADHDのある子どもは，その特徴として多弁があります。内言語が少なくなんでも外言語化してしまうので，クラスや家で静かに行動することが難しいのです。

　内言語は非常に重要で，内言語により下記のような力が育っていきます。

① 　内省力・セルフモニタリング力（音声化しないことによる，より深い自己観察）
② 　衝動性の抑制（話さないでぐっとこらえる自己抑制）
③ 　本音と建前の理解（思っていても言わない，相手が本当のことを言うとは限らないという会話の二重構造の理解）
④ 　思考の方向づけ（セルフトークをプラスにする例：大丈夫。次，がんばればいい。／マイナスの例：また失敗した。なんてダメな人間なんだ。）

　「サイレントモード」の取り組みで，内言語を育てることは，ただ，子どもを静かにさせるだけでなくこのような力を育むのです。

4 「木レベル」に効く！叱るより笑えるタイムアウト

Q 「叱らないで，ほめなさい」と聞きますが……

A なるべく叱ることを減らします。その上で，小さなルールを破った時は，叱るかわりに「笑えるタイムアウト」で対処します。

ポイント

ルールを破った時に，厳しく制裁を加えるのではなく，後で「あはは」と笑えるようなタイムアウトを考えます。

コツ

心にわだかまりが残るような罰や嫌みは，お互いの人間関係を壊してしまいます。小さなルール破りは，大目に見ておおらかに対処します。

◆　◆　◆

しつこく，ねちねち注意するのは，子どもには逆効果です。常にガミガミ叱っていると肝心の時に効き目がありません。「森レベル」のように「これだけは守ってほしい」と思う基準を際立たせるために，「木レベル」程度はなるべく叱らないようにします。

ただ注意しなければ，どんどんルールを守らなくなったり，忘れ物が増え

る怖れがあります。そこで筆者は「木レベル」程度は，「笑えるタイムアウト」に置き換えて対処しています。外国では子どもたちが学校のルールを守らない時に「タイムアウト」という指示を出すそうです。違う教室でクールダウンしたり，教室の後ろで静かに20分過ごすという指示です。しかし，日本で外国版タイムアウトを実施するのは困難を極めます。なぜなら，別室に付き添う教師がいない，教室の後ろへ行ってもじっとしているどころか暴れるという状態になるからです。

そこで筆者は日本版タイムアウトとして，「笑えるタイムアウト」を使っています。体罰も心理的な罰も子どもの心をゆがめます。暴力でコントロールされた子は，友だちを暴力で押さえつけることを学びます。教師が「相手を暴力でコントロールする」ことを教える結果になることは避けなければいけません。子どもの心を傷つけず，それでいて不適応行動を減らす抑止力になるような課題を設定します。

1　名札づくりセット

たとえば生徒が名札を忘れたとします。筆者にとっては「名札忘れ」は「木レベル」の範疇（はんちゅう）に入ります（当然個々の教師によって，基準は違います）。名札を忘れたことで，しつこくねちねち注意していると，肝心の「人の心を傷つけた」時に叱っても効き目がありません。取るに足らないことで叱っていると，教師と子どもの人間関係が悪くなり，いざという時にこちらの指示が入りません。また5人も6人も名札を忘れてくると，注意するだけで20分ほど授業時間が削られます。

そこで筆者は名札を忘れた子どもには休み時間に「名札づくりセット」を渡し，自分で名札を手づくりさせています。「名札づくりセット」は，空いたお道具箱の中に，画用紙・ネームペン・のり・型紙を入れたものです。名札を作成するには約10分ほどかかり，休み時間が名札づくりで終わってしまうので自然と「次は持ってこよう」という気持ちが起こります。その日は自

分でつくった手づくり名札を胸に貼りつけてもらいます。中には本物そっくりにつくる子どももいますし、たとえ紙であっても名札がある方が呼びかける時に便利です。帰る時は必ずはずして帰り、次の日に忘れたらまたつくり直します。

名札づくりセット

2　放課後のタイムアウト

　放課後にタイムアウトを取るのも効果的です。授業中に、問題行動を取り上げて叱ると、授業時間が削られて、真面目に勉強したい子どもには迷惑です。教師も頭に血が上り、言わなくていいことまで言ってしまったりします。少し時間をおく方が、教師も子どもも頭を冷やすことができます。ですから、問題行動が起こった時に「A君、放課後にタイムアウトです」と毅然と言い、終わりの会の最後に「A君は今日は残ってください」と言います。最近の子どもは放課後に残されるのが大嫌いです。ですからA君以外の子どもは「僕は残されなくて良かった」と胸をなでおろしながら帰ります。

　残されたA君はなぜ残されたかはわかっていますので、他の子どもたちが帰って2人きりになった時に、くどくどと説教しても逆効果です。「ごみを27個拾って下さい」など簡単にできる課題を与えます。微妙な数字にしておくと、ルールに厳格な特性がある広汎性発達障害のある子どもは意欲的に拾うようです。これをごみ拾い200個にすると、子どももうんざりして恨みを

買いますし，こちらもかぞえるだけで日が暮れます。きちんとかぞえられる数に設定し，子どもが拾ったごみを見せにきたらきちんとかぞえ，不足があればもう一度拾うように指示します。そして，終われば「ありがとう，きれいになったわ」とほめて帰します。ほんの数分残して，何かお手伝いをさせ，終わればほめて帰す……ここがポイントです。叱られると思っていた子どもも，最後にほめられて帰るので気持ち良く家路につくことができます。教材をつくるお手伝いならば，自分のつくった教材が後日授業で使われるのを見てなんだか誇らしい気分にすらなれます。

　また「本当はごみを27個拾ってもらうつもりだったけど，20個に減らすわ」「15分間残ってもらうつもりだったけど5分に減らすわ」などと言って，気持ちをなごませたりします。また「先生のいいところを8個言ってから帰ってね」と言うアレンジもおもしろいです。

3　主語を明確にして文章化

　ルール破りや不適応行動を取った時に，叱るかわりに反省文を書かせることもあります。

　なぜルール破りをしたか理由を書かせるのです。子どもは書いている間にクールダウンできます。反省文を音読してもらうのも良いでしょう。この時に「私は～」の主語から始まる文章にすると自分のことを相手に伝える練習になります。書くことを面倒に思う子どもには，文章に書かせること自体が抑止力になります。（参照p.20「文章化させると有効なのは……」）

　また文章を書くことが苦手なLDタイプの子どもであれば，視写の課題を与えます。そのために筆者はことわざとその意味を何種類か印刷して置いています。たとえば授業中におしゃべりをやめなかった子どもには「沈黙は金」のことわざを書いた紙をスッと渡して視写させます。児童の中にはことわざに精通している子どももいますし，ことわざを1つでも覚えることは悪いことではありません。でしゃばって友だちに迷惑をかけた子どもには「能

ある鷹は爪を隠す」，隠れてこそこそする子には「悪事千里を走る」「頭隠して尻隠さず」，欲張ってもめた時は「虻蜂取らず」「二兎追う者は一兎も得ず」，遅刻してきたら「早起きは三文の徳」，などその状況に合わせたことわざを渡します。視写なら，文章を書くのが苦手なLDタイプの子どもや広汎性発達障害タイプの子どもにも取り組むことができます。
　いずれもできたら「よくできたね」とほめます。

　この取り組みは，「放課後残して罰を与える」のではなく「1対1の時間をつくり，ほめる」のが本当の目的なのです。不適応行動を起こす子ほど，1対1で対話したりほめたりして，かわいがる必要のある子どもたちです。
　ですから，叱ることをなるべく減らすために「笑えるタイムアウト」に置き換え，罰ではなく，後で「あはは」と笑い合えるようにするのです。
　「細かいことを見逃すと後で大変なことになる」という脅迫観念を捨てて，肩の力を抜いて「笑いながら」「大目に見る」余裕も必要です。その余裕とおおらかさが，どの子も安心してすごせるクラスをつくるのです。

5 子どもに効く！叱るのはあっさり，行動はしつこく

Q いつも掃除をさぼる子どもに，こんこんと言い聞かせるのですが……

A しつこく叱るのは，注意が持続しにくい発達障害のある子どもなどには逆効果です。あっさり短く注意します。

ポイント

　発達障害のある子どもの中には，掃除の方法がわかっていない子どもがいます。「ちゃんと掃除しなさい」というあいまいな言い方では伝わりません。「この矢印まで雑巾で拭きます」「マルのところに，ごみを集めてちりとりに入れます」「机5個，椅子5脚を運びます」のように具体的に伝えます。

コツ

　あっさり毅然と注意しますが，教師の行動はしつこく繰り返します。しつこく行動するとは，教師がモデルになって繰り返す！　教師があきらめない，見逃さない！　という丁寧な指導のことです。言葉での注意は子どもの神経を逆なでしますが，教師の行動は子どもの心に伝わるのです。

◆　　◆　　◆

　往々にして，教師は「叱るのはしつこく，行動はあっさり」です。これを

「叱るのはあっさり，行動はしつこく」に変えていきます。

　しつこくねちねち叱るのは，発達障害のある子どもや被虐待児には逆効果です。ADHDタイプの子どもは，集中力がとぎれやすく，長い説教はほとんど意味がありません。説教が10分を超えると他のことを考えています。叱る時間が長くなると，子どもの頭がだんだん下がってきますが，決して反省しているのではなく「このしょうもない説教，早く終わらんかな」と念じているだけです。

　また感情のコントロールが苦手な子どもは，しつこい説教にイライラして「うるさい！」と感情を爆発させるかもしれません。被虐待児は過去の叱られた体験がフラッシュバックして，感情をコントロールできなくなるかもしれません。

　だいたいしつこく叱っていると，教師のボルテージも上がり，声もうわずり感情的になってしまいます。すると，初めに叱っていたことからポイントがずれてきます。「いつもいつも宿題忘れて……そういえば懇談会のお手紙は持って帰ったの？　1学期も懇談会の手紙をお母さんに渡すのを忘れていたでしょ。あの時，先生は困ったのよ……」などと……。こうなると子どもは，宿題忘れについて注意されていたことなど頭に残っていません。

　広汎性発達障害のある子どもには聴覚的な困難を抱えている子どもが多く，教師のボルテージが上がり声が大きくなってくると，雑音にしか聞こえなくなってしまいます。声が大きくなると音が割れ，内容が聞き取れなくなるのです。そして脳は警戒モード……攻撃が加えられたと錯覚してしまいます。

　しつこく叱るより「あっさり，毅然と叱る」方が効果的です。「毅然とする」ことは大切なキーワードです。（参照⑬「ゆっくり毅然と，相手の興奮はトーンを変えてかわす」）

　子どもの不適切な行為については，声のトーンを落として短く叱りますが，それに付随する悪ぶった態度は叱らず，さっと切り上げます。

　たとえば，プリントに何も書いてないとします。「なぜ書いてないの？」

と言うと「教科書忘れたから，やれへん」「やる気おこらん」と言うかもしれません。このような悪ぶった挑発的な態度に乗ると相手の思うツボです。「なんで教科書忘れるの？　気持ちがたるんでる」「だって家にもなかった」「もっとちゃんと探してきなさい」「隣のクラスのA君に借りてくるわ」「借りてくるなら休み時間に借りてきなさい」「先生が教科書いるって言うたやん。じゃあ今からA君のクラスへ行ってくるわ」「待ちなさい！」……と泥沼です。中には授業を中断させたい，さぼりたいと思っている子どももいます。

　ですから，子どもの悪ぶった態度は叱らず，プリントを書いていないことだけにポイントを絞ります。「教科書の46ページを写します。教科書がなければ，先生の教科書を貸します」と言うのです。そうすれば，反論できません。あくまでも挑発に乗らず，好意的に接することです。どこまで好意的にできるかは，根比べです。周りの子どもも教師の対応をじっと見ています。教師が感情的になれば，大人げない……と教師をなめはじめます。最後まで好意的に接した結果，悪ぶっていた子どもがプリントに書き始めれば「さすが先生！」となります。

　反対に教師の行動はしつこく（あきらめずに）繰り返します。

　たとえば，掃除をさぼっている子どもがいたとします。掃除をさぼったことについて，長時間しつこく叱るのは逆効果です。その場で毅然とあっさり叱りますが，それで終わりではありません。次の日も同じ掃除場所に向かいます。落ちている箒を拾い，一緒に掃除をします。また次の日も掃除場所へ行きます。ちりとりを持って手伝い，「きれいになったね」と短くほめます。その次の日はじっとそばで掃除を見て……。こうして掃除場所を見に行くという「行動をしつこく」繰り返す方が子どもに掃除をする態度が定着します。

　つまり「行動はしつこく」というのは，教師があきらめずに身をもってモデルを示すということです。「不言実行」の教師の態度が子どもの共感を呼びます。

コラム　ペアレントトレーニング

　「親が変わると子どもが変わる」ということを実感する先生も多いことと思います。アメリカやカナダでは，学校や行政がさまざまなタイプの親支援講座を提供しています。ADHDのある子の親向けのペアレントトレーニングはその代表的なもので，保護者も支援者の1人として訓練を受ける，というものです。基本は行動療法ですので，好ましい行動（増やしたい行動）と好ましくない行動（減らしたい行動）に分類し，トークンエコノミーというポイントシステムを活用します。

　しかし，親のストレスをまず軽減しないと子どもの行動観察や「ほめる」こともできないこと，子どもの認知のズレを理解しないで行動を「良い・悪い」と単純に評価できないことが大きな課題です。また子どもに対しうまくほめられないことで，自分をさらに責めてしまう親もいて，講座自体がストレスを与えることもあります。えじそんくらぶでは，親のストレスマネジメントと子どもの行動の分類をメインにしたペアレントサポートプログラムを提供しています：ストレスがあると，理論やスキルを理解していても，実際に子どもを冷静に観察し，適切な対応をすることが困難です。また，しっかり子どもの認知のズレを理解する必要があり，単純に「良い・悪い」と評価する前に，その行動を「うっかり・わからない・わざと」に分類することをおすすめします。

　大人から見れば好ましくないと思われる子どもの行動も，分析してみると「うっかり忘れる」「指示の意味がわからない」「背後に見捨てられ感があり，注目されたくてわざとやる」という3つの視点が主にあり，それぞれ対応法が異なります。「子どもがどんなことで困っているか」という視点で子どもの言動の観察と分類を行うと，より適切なかかわりがもてるようになるでしょう。

先生にも参考になるのではないでしょうか。

「子育てストレスを減らす３つのヒント」えじそんくらぶより

第2章　あったかクラス大作戦　51

6 教師の2つの顔がメリハリを生む！ 上品と下品

Q 毎日，大声で注意したり怒鳴ったりしていると，声がかすれて疲れてしまいます。その割にあまり効き目がないような……効果的な注意の仕方はありますか。

A いつも上品に振る舞い，きれいな言葉遣いを心がけます。またニコニコしていることも大切です。しかし，注意する時は，大声こそ出しませんが，ぐっと表情を変え，態度できっぱりと表します。

ポイント

普段，上品で穏やかな態度だからこそ，注意する時に効き目が表れるのです。緩急が大切です。

コツ

授業中は，なるべく上品で標準語に近いしゃべり方を心がけます。あだなを呼んだり，妙にフレンドリーなしゃべり方はやめます。なぜなら，授業はフォーマルな場だからです。凛とした雰囲気を漂わせると，子どもたちも襟を正します。

◆　◆　◆

なるべく大声で怒鳴ることを減らすためのヒントです。

声の大きさで，恐怖を与えて指示に従わせようとするのではありません。

上品なしゃべり方と，下品な（？）しゃべり方で緩急をつけます。効果を出すには，常に教師が上品で紳士的（エレガント）でなくてはいけません。「いつも助かるわ。ありがとう」と普段は物腰柔らかく上品にしゃべります。授業中は特に丁寧に，ゆっくり上品に……。広汎性発達障害のある子どもに

とっては，標準語に近い言葉の方が理解しやすいように思います。子どもたちの名前も，授業中はあだなではなく，きちんと苗字で呼びます。

しかし，叱らなければいけない場面では，上品な態度を一変させます。表情を硬化させ，低い声で凄みを出し，本人に近づいて本人だけに聞こえる小さな声で，叱ります。普段，上品な言葉遣いの教師だからこそ，際立つのです。普段から怒鳴っていては，効き目がありません。「普段やさしい先生がこんな厳しい顔をするなんて……」と子どもはびっくりするでしょう。

また，いつもニコニコしていることも大切です。筆者の先輩は普段いつもニコニコしています。黒板に板書していて振り向くとニコニコ，発問をしながらニコニコ，話を聞きながらニコニコ。子どもたちは，ニコニコしているその先生が大好きです。しかし，叱るべき時は表情をきりっと変えて睨みます。いつもニコニコしている先生だから，叱る表情には凄みがあります。先生が好きな子どもたちは，笑顔の消えた先生の態度に，襟を正すのです。声の大きさではなく表情で緩急をつけるのです。

地方によって，標準語と方言を使い分けるのもいいかもしれません。授業中は標準語に近いしゃべり方をして「それはいけません」と言いますが，叱るべき時は関西なら「あかん！」と短く言うのも効果的です。九州なら「なんばしよっと」「いかんばい！」，高知県なら「なにしゅうが！」でしょうか。普段，丁寧にしゃべっているからこそ，方言が効果的なのです。

声の強弱や怒鳴り声で子どもをコントロールするのではなく，教師のしゃべり方や表情で緩急をつけます。そのためには，普段から笑顔で上品に振る舞うことを心がけることが大切です。

7 トラブルを減らす3秒ルール

Q 休み時間にトラブルやケンカが絶えず……

A トラブルが起こった時は，3秒以内に謝るというルールを決めます。たいていのトラブルはこの「3秒ルール」で収まります。

ポイント

「謝り方」の練習もします。全員で謝る手順や型を練習して，正しい謝り方をクラス全員で共通認識します。

コツ

いじめや差別につながる大きなトラブルは，じっくり個別に話を聞く必要があります。その際，双方が落ち着いてから公平に事実確認をします。どちらかに偏ったり，裁きを入れないで，聞くことが大切です。

◆　◆　◆

筆者のクラスにADHD傾向のあるA君がいました。A君について周りの子どもたちが毎時間のように「A君がぶつかってきた」「A君が僕の足を踏んだのに謝らへん」と訴えてきます。ところが本人の自覚は少なく「知らんかった」「わざとやってない」と口をとがらせるのです。

友だちからの苦情があまりに多いので，休み時間の様子を観察しました。するとA君は，どこかへ移動するたびに何かにぶつかっていました。周りの友だちや物体がまったく目に入らず，目標物に向かって突き進んでいくためです。たとえば，習字道具を取りに行く時は，友だちの足を踏み，机にぶつかり，習字用具の棚までたどりついています。そして習字道具を持つと振り回しながら席に戻るのです。その時に習字道具が誰かにあたろうが，友だちが机上に用意した墨がこぼれようが，おかまいなしです。

　本人は確かに悪気がなく，友だちに迷惑をかけたことに気づいていない様子でした。しかし，A君のその特性は周りからは理解されず，「やったくせに謝らないずるいやつ」「うそつき」という評価が定着しかけていました。

　そこで筆者はクラスの決まりとして「3秒ルール」を提案したのです。

1　謝り方の練習

　まず最初に，全員で「謝り方」を練習します。トラブルが定着する前の学年の初めに練習するのが良いでしょう。あいまいなことが苦手な広汎性発達障害のある子どもの特性も視野に入れて，細かく謝る手順を決めます。発達障害のある子どもは，本人は謝るつもりで頭を下げたのに，実際は少ししか頭が下がっておらず，誠意がこもっていないと判断されることもあります。謝るモデルを見せて，具体的な行動を示すことが大切です。

　たとえば，「謝る時は，まず最初に相手の顔を2秒ぐらい見ます。その時，にやにやしたり歯をみせたりしてはいけません」「次に体を45度ぐらいに曲げて地面を見ます。その時，相手に聞こえる声で，『ごめんなさい』と言います」「その後もう1度相手の顔を2秒見ます。その時もにやにやしません」といった具合です。

　全員で何回か謝り方の練習をした後，「相手が『痛い』と訴えた時は，3秒以内に『ごめんなさい』と言うルール」を伝えます。なぜ3秒以内にするかというと，3秒以内に謝らないと，必ず相手から「おまえ，わざとすん

な」「死ね」などの暴言が出てきてしまうからです。せっかく謝ろうと思っていても、こんな挑発的な言葉を言われたら、つい言い返してしまい、後は振り上げた拳を下ろせなくなってしまいます。相手から暴言が返ってくる前に、こちらから謝るルールをつくるのです。とにかく相手が「痛い」と訴えたら３秒以内に謝る……そして謝ってもらったら、「相手を許してあげる」ことも伝えておきます。「相手が謝っているのにいつまでも許してあげないのは、心が狭い。心の広い人間になろう」と話すのです。

　「わざとじゃないから、謝らなくてもいい」という子どももいます。教師がトラブルを処理する時に、子どもからよく聞く言葉です。確かにわざとじゃないかもしれません。しかしわざとではないにしても、相手に痛い思いをさせたのは事実です。「わざとじゃないんだね。でも相手に痛い思いをさせてしまったことに謝ろうね」と常に話します。

　こういうルールはトラブルが起こる前に説明しておくことが大切です。トラブルの渦中にある時は興奮して３秒ルールの説明は頭に入りません。

　実際にトラブルが起こった時、小さいトラブルなら筆者は細かいことを根掘り葉掘り聞かず、「謝るのは３秒以内だった？」とだけ聞きます。たいてい「あっ、５秒だった」「３秒以内じゃなかった」と言うので「だからケンカになったのよ。これからは３秒以内に謝ろうね」と言って収まります。どちらがどれだけ悪いかを争うのではなく、悪者を秒数のせいにするのです。すると、争わずにトラブルを解決することができます。もちろん大きなトラブルが起こった場合はじっくり話を聞く必要があります。

２　大きなトラブルが起こったら

　大きなトラブルが起こった時は次のような手順で対応します。まず双方から話を聞き、事実確認をします。その時に教師の意見を挟まずに、公平な立場で聞きます。どちらにも裁きを入れないことが大切です。じっくり話を聞いた後、「自分でもう少しこうしたら良かったなあ、と思うことがあった？」

「自分がちょっとだけまずかったなあと思うことはある？」と聞きます。この「もう少し」「ちょっとだけ」というところがコツです。まず自分を客観的に見ることができそうな子から先に聞きます。自分の反省するところを少しでも言えたなら，双方にただよう雰囲気が一気に緩むのです。「ぼくが，『そこ，どけや』ときつく言ったことがまずかった」と一方が言うと，たいてい相手も「ぼくも……」と自分の非を認め始めます。

　前述のＡ君は相変わらず，慌てると友だちの足を踏んだり，友だちの水入れにつまずいたり，友だちにぶつかったりしていましたが，3秒以内に「ごめん」と言えるようになったので，トラブルは激減しました。それと共に，友だちと仲良く遊ぶ姿が頻繁にみられるようになりました。

コラム　言葉だけの謝罪にならないように

　大人が「好ましくない」と感じることを子どもは理解できないことがあります。たとえば，やることがわかっている，やりたいのにできないという「うっかり」系には，「3秒以内に謝るルール」は効果的です。しかし先生の指示の内容や暗黙のルール，相手の感情などが「わからない」子どもには，「謝る」だけの指導では反発することがあります。たとえば，相手の気持ちがわかりにくい自閉症のある子が友人に「太ってるね」と言ってトラブルになり，先生が「そんなこと言わないの，謝りなさい！」といっても「事実を言っただけ」とまったく反省せず謝らなかった，というケースがありました。これは，その子の性格の悪さという問題ではなく，相手の気持ちがわからないので「悪いことを言ってしまった」という実感がないのです。

　このような場合には，コミュニケーションのズレを理解し，「友だちがやめてといったらやめる」というルールなど他の取り組みとあわせると効果がさらに上がるでしょう。

8 子どもを集中させる「あと〇分〇秒で終わります」宣言

Q 終わりの会で大切な話をしているのに……。

A 終わりの会が始まる時に、「今日の終わりの会は、4分32秒で終わります」と、終わる時間を予告します。

ポイント

時間を予告したら、タイマーで時間をはかり、きっちり終わるようにしゃべります。

コツ

広汎性発達障害のある子どもは、微妙な数字に興味をもつタイプが多いようです。また、教師がきちんと時間を守ることは、子どもたちにも時間を守るという規範意識を育てます。

◆　◆　◆

最近の子どもは終わりの会が長引くとイライラします。少しでものびると、「はよ、帰らせろよ」と怒り出し、机を蹴飛ばしたりするのです。隣のクラスが先に終わって、廊下でうろうろし始めると、友だちと一緒に帰りたい子はなおさらです。

終わりの会は早く終わるに限ります。終わりの会でどんなに素晴らしい訓話をしても，ほとんどの子どもの頭には残っていません。反対に，「早く帰らせてほしいのに」と逆恨みされるのがオチです。筆者が新任だった頃，20～30分もだらだらと終わりの会を続けていました。「A君が掃除をさぼっていました」「ごめんなさい」という形式だけの反省会を続けていたのです。時間がかかっていたわりに，子どもたちの行動の改善につながったという記憶がありません。皆さんも会議が長引くとイライラして，中身より時間ばかり気になるという経験はありませんか。

　そこで，筆者は何年か前から反省会はやめました。一日の最後に教師に叱られたり，友だちから批判されたら，いやな思い出を抱いて帰路につくことになります。「終わり良ければ，すべて良し」ということわざがあるように「終わりの会，良ければすべて良し」です。他のクラスより早く帰れると子どもたちは少し得した気分になるようです。

　そのために，その日起こったトラブルは，すぐその場で解決するように心がけます。終わりの会にまとめて解決しようとすると，どんどん下校時間が遅くなります。また，後にのばせばのばすほど，わだかまりがふくらみ，記憶もあいまいになってトラブルが大きくなる怖れがあります。どうしても時間的に無理な場合はポストイットやメモ用紙に書いて見えるところに貼るか，教師のポケットに入れます（参照⑯「教室では，目から耳から」の「先生のポケット」）。そして，メモ用紙に書いたりポケットに入れたりしたことを子どもたちにも見せます。そうすることによって「僕たちのトラブルはもみ消されるのではなく，あとで解決する時間が設定される」ということがわかり，子どもたちは，自分たちの訴えが大切にされていると感じることができます。そう感じることによって，安心して次の活動に移ることができるのです。そして必ず，このトラブルについて話し合う時間を取ります。約束を反故(ほご)にすると教師への信頼は失墜してしまいます。

　さて，終わりの会ですが，そんな訳でなるべく早く終わるようにします。

筆者は日直係の「ともだちじまん」（参照⑲「クラス認定あだな・ともだちじまん」）と歌だけにしています。大切な連絡事項はなるべく朝の会で伝えるか，連絡帳に書く時に確認しています。朝は最も子どもたちが集中して教師の話を聞ける時間です。終わりの会は1日で一番集中力がなくなる時間です。1日の疲れと，もうすぐ下校という興奮が相まって，じっくり話を聞く余力が残っていません。

　日直係は席順で男女1人ずつの2人です。日直の終わりの会の仕事は，「ともだちじまん」です。その日がんばっていた友だちをよく観察して，そのエピソードを紹介するのです。

　2学期になれば「私はB君が，『どんまい』って言ってくれてうれしかったです」「私は山本さんがきれいに掃除してくれたので，気持ち良かったです」のように主語を「私」に変えて「ともだちじまん」を発表させます。それが私を主語にして，自分の気持ちを正直に伝える練習にもなります。相手を責めるのではなく「私が感じているのは〜」「私が考えているのは〜」という言い方は相手の自尊心を損ないません。

　また，「ともだちじまんポスト」に入っている「ともだちじまんカード」を教師が読み上げます。子どもは帰る用意をしながらだまって聞きます。そして，読み終わった時に「いいことだね〜」と全員声をそろえて，合いの手を入れるのも楽しいです。たまに「C君が，宿題の答えを見せてくれました」という意見に「いいことかな〜」と首をかしげながら，合いの手を入れている姿もかわいいです。

　筆者は楽しい気分で帰らせたかったので毎日，楽しい歌をうたわせていました。教師の個性に合わせて，本の読み聞かせやミニゲーム，手品などをするのも良いでしょう。

　終わりの会は一番子どもたちがそわそわしている時間です。早く帰ってゲームをしたいかもしれませんし，他のクラスの友だちと帰る約束をしている

かもしれません。終わりの会には時間の制約もチャイムもないので，子どもにとってはあいまいな部分が多くイライラすることが多いのです。必ず終わる時間を予告しましょう。

「今日の終わりの会は3分17秒で終わります」という風に予告するのです。微妙な数字を使うと，広汎性発達障害のある子どもは興味を示しがちです。終わりの会がいつ終わるか，見通しをもたせるのです。私たちも会議が5時30分に終わると思うと，なんとか我慢して座っていますが，この会議がいつまで続くかわからないとすれば，我慢できません。長引いてくるとイライラして，いつ終わるのかばかりが気になって会議の内容に集中できません。

子どもたちも同じなのです。教師の裁量で決める終わりの会や説教が，いつまで続くかわからなければ，終わりの会の内容は頭に入ってきません。ADHDのある子どもは，自己コントロール力の弱さから，終わりの会が長引くとイライラして大切なことを聞き逃してしまいがちです。広汎性発達障害のある子どもはいつ終わるのか見通しがたたないことが苦手です。〇分〇秒で終わると予告すると見通しが立って我慢ができます。

チャイムなしで教師の裁量で決める取り組み（たとえば，行事の事前説明や，昨日のトラブルの事実確認など）は，かかる時間を予告しておきます。「今から明日の遠足の説明を3分20秒します」「2時間目の休み時間のトラブルについて5分間，話を聞きます。5分間で終わらない時は学級会で続きをします」といった時間の予告です。

終わりの会で〇分〇秒と時間を予告した後すぐに，タイマーをセットして子どもに渡します。日直にタイマーを合わす仕事を与えるのも良いでしょう。教師は時計を見ながら，ぴったり話が終わるようにしゃべります。教師の話が終わるタイミングと，タイマーのピピピピ……と終わりを告げる音が一致すると，子どもたちから歓声があがります。たまに，教師の話が長引く時もあります。その時は子どもたちに謝って「今日は15秒オーバーしたので，明日減らします」と言います。そして次の日の終わりの会の初めに「今日の終

わりの会は3分10秒で終わるつもりでしたが，昨日15秒オーバーしたので，2分55秒にします」と言うと，先生は約束を守ってくれるなあ，と子どもは思います。高学年になると，笑いが起こります。大切なことは，耐性の低い子どもにも見通しをもたせ，何とか我慢できるようにするということです。

　これは授業においても同じです。休み時間は1分も減らさないように心がけます。子どもたちは休み時間を楽しみに登校しているのです。休み時間より勉強時間を楽しみにしている子どもがいたら，お目にかかりたいものです。休み時間は子どもたちの時間で，教師の時間ではありません。教師が子どもたちの休み時間を，我が物顔に奪うのは子どもたちの信頼をなくす行為です。

　筆者は休み時間を知らせるチャイムが鳴ったら，どんなに言いたいことやさせたいことがあっても，きっぱり授業を終わります。子どもが驚くぐらいすっぱりやめます。いくら大切な話であっても，チャイムが鳴ると子どもたちは聞く耳をもちません。たとえ有意義な話であっても，チャイム通り終わる方が子どもたちの信頼を得ることができます。

　しかしどうしても延長せざるを得ない場合もあります（次の授業に必要な持ち物など）。その場合は子どもたちに謝り，延長した時間を計り必ず休み時間も延長します。「2分15秒間授業を延長しましたので，休み時間も延長します。次の授業の開始は11時42分15秒です」という風に……。

　教師がきちんと授業終了時刻を守ることで，子どもにも「授業開始時間をきちんと守って下さい」と指示しやすくなります。筆者は常に，義務と権利の話をして「先生も時間を守るから，君たちも時間を守ってね」と言います。子どもたちがチャイムを守らず，5分遅れて教室に戻ってきた時は「休み時間を5分減らしてもいいのですか？　先生も時間を守るので，あなたたちも守って下さい」と毅然と言います。時には，遅れてきた子どもだけ，次の休み時間に5分だけお手伝いさせたりします。もちろんお手伝いの後には，ほめ言葉を用意して……。

9 通常の学級で行うさりげない個別指導のアイデア
「先生ドリル」「連絡帳ドリル」

Q 算数や国語に遅れがみられる子どもがいます。もう少し丁寧にみてあげたいのですが，なかなか時間が取れません。よい方法がありますか？

A 終わりの会を個別指導の場に変身させます。長時間ではなく，他のクラスとほぼ同じ時間に下校できるように工夫します。

ポイント

早くできた子どもからどんどん下校させるので，誰が個別指導で残っているのかわかりません。

コツ

個別指導が同じ子どもに固定しないように，課題を時々変えます。自尊心が下がらないような配慮が必要です。

◆　　◆　　◆

通常の学級における個別指導のアイデアです。

別室で取り出し指導ができる校内体制が整っていたり，子どもの認知特性にあった指導をする通級指導教室があったり，TTが教室に入り込める人的環境があれば，理想的です。しかしほとんどの通常の学級の担任は，1人ですべての子どもの指導を行っています。

また個別指導ができる体制が整っていたとしても，保護者や子どもが拒む場合もあります。クラスメートと違う学習をするのは，特別視されるからいやだと拒み，特別な場で教育を受けるより，通常の学級で友だちと一緒に授業を受けることを望む児童もいるのです。

実際，多くの学校では個別指導の場が保障されていません。校内体制を整える努力をすることはもちろんですが，まず目の前の子どもたちをどう支援するのかが大事です。通常の学級での個別指導としてよく紹介されているのは，全体に指示を出してから机間指導し，その間に個別に指導を行うという方法です。これも良い方法ですが，限界があります。

　また以前は放課後に学習が遅れている児童を残して勉強を教えていましたが，最近は不審者対策の観点から放課後残すことは容易ではありません。いわゆる「お残り」させる時は下校時の安全確保のために，同じ方向へ帰る友だちを待たせます。しかし，待つ子どもに不満が残ります。保護者にお迎えを依頼するのも，働く母親が増え頼みにくい状況です。また「お残り」している児童に，「あの子はダメな子」というレッテルを貼らせてしまうことになりかねません。保護者の了解を得ずに残すと「うちの息子だけが残された」と保護者の自尊心が下がる怖れもあります。

　そういった厳しい状況の中でも，うまくいった通常の学級で行える個別指導の方法を2つ紹介します。

1　先生ドリル

　終わりの会を，個別指導の場にします。

　放課後に会議も出張もない日は，「先生ドリル」を実施するのです。子どもに「今日は先生ドリルの日です」と言うと，「え〜」という喜びとも驚きともつかないような声がこぼれます。先生ドリルの日はいつもの日とは違うからです。6時間目が終わる少し前から帰る準備をさせ，手紙や宿題プリントも配ってしまいます。そして，ノートと筆箱だけ机の上に用意して，残りの文房具はすべてランドセルの中に片づけます。

　「運が良ければ，今日は学校で一番早く帰れるかもしれません。後ろのドアを閉めて下さい。帰るのは前のドアからだけです」と緊張気味にしゃべり，"特別な日"の雰囲気をかもし出します。子どもたちは，もしかしたら自分

が学校で一番早く帰れるかもしれないと思うだけでワクワクしてきます。後ろのドアを閉め，緊張感が高まったところで，教師は前のドアのそばに座って，赤ペンを用意します。「問題ができたら先生の前に並びます。3問ともマルだったら，すぐに帰ります。ルールは2つ。並ぶ時に，押さない，ケンカしない。もしケンカになったら，どちらももう一度自分の机にタッチして，また並びます。もう1つは，マルをもらったら廊下でうろうろせずに，すぐに帰ること」と言い聞かせておきます。その日は終わりの会はしません。6時間目の終わりのチャイムが鳴ると同時に，黒板に問題を3問書きます。

　たとえば分数のわり算が定着していないと思う時は，分数の計算問題を3問……というように。

　教師が黒板に問題を書き始めると，誰もがだまって鉛筆を走らせます。授業中に「今日の先生ドリルは，ここの練習問題を出すよ」と予告すると，授業に対する食いつき方も変わってきます。

　3つともマルをもらった子どもは，意気揚々とどんどん帰っていきます。間違った子どもにはノートにもう1問書きます。その子に合わせてクリアできそうな問題を出します。たとえば算数の少数のわり算3問ができない子どもなら→少数のかけ算→整数のかけ算→九九……というようにその子に合わせたレベルの問題に変えていきます。できる子どもはどんどん合格させて，残った子どもが数人になったところで，丁寧に指導します。これが個別指導です。そして先生ドリルは他のクラスの終わりの会が終了する前に，終わります。他のクラスの友だちと待ち合わせて帰る子どももいるからです。

　日によって先生ドリルの課題は変えます。たとえば，漢字3問にしたり，詩の暗唱やリコーダーにしたり，「はんかち・ティッシュ」を持っている子どもから帰らせたりもします。学習全体が苦手な子どもの自尊心が下がらないように，その子どもが得意な課題を意図的に出す方法もあります。課題を日替わりにすることで，早く帰る子ども，残る子どもを固定させないのです。

❖ 先生ドリルの良い点
〇3問ともマルをもらった子どもから，どんどん下校していくので，誰が最後まで残っているか他の子どもにわからない。
〇課題が日替わりなので，毎回特定の子どもが残されることがない。したがってその子どもの評価が固定化しない。
〇3問だけなので（日によっては1～2問でもよい），すぐにマルがつけられる。
〇他のクラスの子どもと同じ時間に下校できるので，残されたという意識がない。
〇早い子どもは驚くほど早く帰れるので，子どもたちは意欲的に取り組む。

　先生ドリルは子どもたちに好評でした。もしかしたら早く帰れるかもしれない，という期待とどんなに遅くなっても普段の終わりの会終了時刻には帰れるという見通しがあるからです。筆者のクラスでは私がマルつけをする机に「関所」という札をぶらさげ，臨場感を出しました。いつ帰れるかわからない状態では，イライラして学習に集中できません。見通しがあるので，苦手なことにも取り組めるのです。

2　連絡帳ドリル

　もう１つは，連絡帳ドリルです。

　連絡帳を集めてチェックをする時に，個別指導が必要だと思われる子どもの連絡帳の一番後ろのページに３問だけ問題を書いておきます。問題を書いた時は，担任が宿題の欄に☆印を入れるようにします。☆印がある時は，後ろのページの連絡帳ドリルをするというサインです。

　そして次の日，連絡帳のチェックついでに，連絡帳ドリルにもマルをつけます。その時に「パーフェクト！」「よくがんばったね」「このミスさえなければOK」など一言添えるようにします。この一言が子どもたちの意欲を高めるのです。間違いの説明が必要な時は，本児を呼んでそっと説明します。２人が覗き込んでいるのが連絡帳なので，誰も個別指導をしているとは疑いません。机間指導の時に，そっと耳元で声をかけたりもします。

❖　連絡帳ドリルの良い点

○その子どもの苦手な課題を，個別に添削指導できる。先生ドリルと違って，家でゆっくり取り組むことができる。

○連絡帳は全員提出しているので，その子どもが個別指導されていることが，他の子どもにわからない。したがって，自尊心が下がらない。たとえば「算数のノートを持って教卓に来なさい」と言ってノートを覗き込んでいれば，算数が遅れていると周りから見られてしまう。連絡帳ならその心配がない。

○連絡帳は，他のノートに比べて忘れることが少なく，毎日家庭で保護者が目を通す可能性が高い。保護者にも，担任が丁寧に個別指導をしていることが伝わり，自分の子どもが今どこでつまずいているかがわかる。

○担任が「すごい」「100点だよ」などほめ言葉を添えるので，担任との交換日記のようになる。秘密を共有していることで，１対１の関係が深まる。

限られた時間や人的状況の中で，個別指導を行うには困難を伴います。しかし，わずかな工夫で個別指導の時間を捻出することができます。たとえその時間が少しであっても，子どもたちのために個別指導をする時間を捻出しようという気持ちが大切です。それが子どもや保護者との信頼関係を築くことにつながります。

コラム　みんな違う，自己理解と他者理解の視点を

　「先生ドリル」「連絡帳ドリル」とも，他の子どもに気づかれないように個別の補充指導を行う取り組みです。個別指導を受ける子どもが自尊感情を損なわないための素晴らしい配慮・工夫です。その上でさらに今後，目標としたいのは，「クラスメートはみんな違う，違うことは悪いことじゃない」という感覚を育て，子どもたちが助け合うクラスづくりです。

　好き嫌いに個人差があるように「漢字の得意な子もいれば，苦手な子もいる」「Aさんは運動が得意だけど算数はちょっと苦手」，など「完璧な人はいない，みんな違っている，違っていることは悪いことじゃない」と一度きちんと説明することで自己理解，他者理解を深め，いじめの芽を摘み取り，個別指導への理解も深まると理想です。

　あるクラスでは，LDのある子どものために，クラスの有志が順番で彼の分まで連絡帳を書いてあげたそうです。大変微笑ましいエピソードです。このようなサポーターが増えれば，先生の出番も少なくなります。先生のさりげない支援をクラスの子はモデルにします。

　できないことを指摘し合い，いじめの原因をつくるのではなく，こうしてナチュラルサポーターが増え，得意なことで人に感謝される体験がクラスで増えることが望まれます。

10 子どもの意欲を引き出す！ 自力でAを勝ち取ろう

Q クラスのLD，ADHDが疑われる子どもに，学習意欲が見られません。成績が低迷し，ますますやる気が起きないようです。どうしたら学習意欲が出るでしょうか。

A 発達障害のある子どもは実行機能が弱いと言われています。本来なら，学習のつまずきの原因を検査して，個別指導の場を設定することが望ましいと思われます。しかしそれが難しい場合は，スモールステップで手に届きそうな目標を与えます。

ポイント

目標に対する意欲が持続するように，テスト結果を記録する折れ線グラフを用意し，時々，発表をします。

コツ

「どれもこれもすべてがんばれ」では，取り組む前にいやになってしまいます。欲張らずに，漢字なら漢字だけ，計算なら計算だけに目標をしぼります。何かに自信がもてたら，他の科目にも波及します。

◆　◆　◆

小学校の通知票による評価は，具体的にどれぐらいがんばればA（よくできる）になるのかわかりにくい項目がたくさんあります。たとえば理科であれば「科学的な思考」「観察・実験の技能・表現」など，とても抽象的な表現になっています。あいまいな目標は子どもの意欲に結びつきません。広汎性発達障害のある子どもはあいまいなことが苦手です。

自分の努力が評価に結びつく通知票の項目が，1つでもあれば，他の科目

の意欲も高まります。通知票の中から，努力と評価が明確に結びつく項目を選び，ＡＢＣの基準をはっきり示します。

　たとえば通知票の項目に「漢字を正しく読み書きできる」という国語の目標や，「計算ができる」という算数の目標があります。これらは，取り組みやすく成果が表れやすい目標かもしれません。

　ターゲットは１つにしぼります。

　「自力で漢字のＡ（よくできる）を勝ち取ろう」というスローガンを掲げ，たとえば「小テスト５回の平均点が90点以上なら，必ずＡになります」「大テストを２回実施して，間違いが合わせて10個以内なら，Ａになります」と子どもたちに具体的な目標を示します。あいまいな目標ではなく，数字を使った具体的な基準を示すことで意欲が高まります。「通知票をもらう前に，ＡＢＣ（通知票の評価）がわかります。基準をクリアしていれば必ずＡです。通知票をもらう前に，ＡＢＣがわかるなんて，めったにありませんよ」「約束は守ります。もし約束を先生が破ったら，宿題を１年間なしにします」などと言うと，子どもたちの瞳が輝いてきます。

　クラスの実態に合わせて，少しがんばればＡをもらえるような基準に調節し，その基準をクリアすれば，約束どおりＡの評価をつけます。基準によっては，Ａが増えるかもしれませんが，少々大盤振る舞いになってもかまいません。学習に対する意欲を高めるのが目的なのですから……。

　基準をクリアするにはいくつかの手だてが必要です。筆者の取り組みを３つ紹介します。

1　漢字ノートの工夫

　漢字の宿題はおそらく毎日あります。たいてい，新出漢字ノートか漢字ドリルの文章をノートに写すという宿題ではないでしょうか。その宿題を担任がマルつけする時に少しだけ工夫します。丁寧な字で書けた時はノートの右上のスミに☆１と書きます。☆１，☆２，☆３，☆４と増えて☆５になった

ら，一言ほめ言葉を書いてノートの表紙にシールを貼ります。☆1を書く程度なら，すぐに書けます。筆者のクラスでは☆の数をかぞえたり，友だちとシールを見せ合いながら喜んでいました。「美しい」「がんばったね」「大きさがそろっている」「鉛筆がとがっている」「下敷きをしいてるね」など，ノートに添えた一言も喜んでいました。

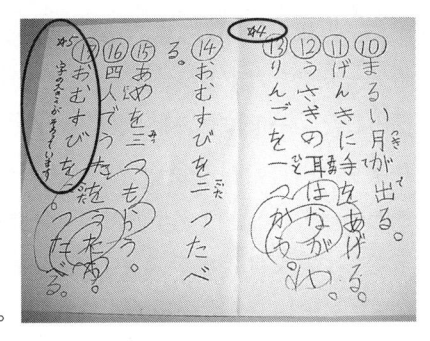

漢字ノートの☆

2　プレテスト

　漢字小テストの前に，プレテストを2回します。筆者は毎週金曜日に必ず小テストを実施していました。見通しが示されると安心する広汎性発達障害のある子どもにとっても，実行機能に課題をもつADHDのある子どもにとっても，毎週決まった曜日にテストを実施することは大切です。

　金曜日の小テストに向けて，1週間前からテスト範囲の漢字を宿題に出します。宿題では先に述べたように，☆1などの印をつけて意欲を高めます。

第2章　あったかクラス大作戦　71

そして前日と当日の朝の会で、プレテストを実施します。日直が登校するとすぐ、黒板に10問書くのです。子どもたちは、朝の会が始まると同時に、国語ノートまたはプリントに、漢字の答えを書きます。これがプレテストです。提出したノートは休み時間に担任がマルをつけ、間違った漢字を3回練習させます。当日の朝の会もプレテストを実施し、間違った漢字の書き直しができた子どもから、テスト用紙を配ります。このプレテストの実施で、多くの子どもが驚くほど小テストで100点を取れるようになります。

3 折れ線グラフ

漢字テストの点数を記録する折れ線グラフ用紙を用意します。

平均を出す計算方法も書いておき、子どもが自分で平均点を出せるようにします。毎回点数をグラフに示す作業は、子どもたちの意欲を引き出し「僕は平均98点や」「私の今の平均は85点だけど、今度100を点取ったら、平均90点になる」などそれぞれ目標を修正しながら取り組んでいました。「小テストの平均点が90点以上は、Aにします」と目標を示している時は、時々、平均90点以上の子どもの名前を発表して励ましました。

全体的に成績が低迷していたADHDのある男子が、初めて通知票の漢字の項目でAをもらえたことをきっかけに、他の学習にも意欲を見せるようになり、ぐんと成績が伸びたことがありました。定型発達の子どもでも、自分の努力が目に見える形で成果として表れることで、他の教科にも自信がつき子どもが学習に向かう姿を、何度も見ています。

目標を子どもたちの手に届く範囲に設定すること、常に励まし続けることが大切です。

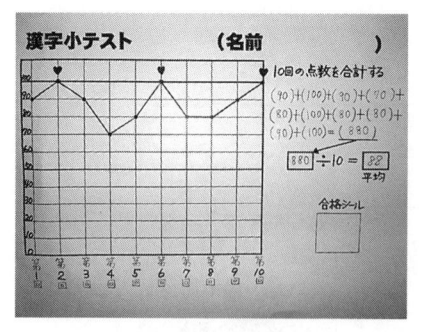

漢字のための折れ線グラフ

11 子どもを動かす！
7割以上の全体指示以外は近づいて小さな声で

Q 箒を振り回すなど危険なことをする子どもがいます。周りの子どもが怪我をしたら……，と大声で呼びかけるのですが，なかなかやめません。

A 危険な行為を見つけ大声で怒鳴ると，子どもはよけいに興奮し，収拾がつかなくなります。
近づいて，ぐっと睨みつけながら低い声で注意する方が，収まります。
大きな声で指示を出すことは，必要最低限にします。

ポイント

いつも教師が大声を出していると，その声に子どもが慣れて指示を聞かなくなってしまいます。全員に聞こえるような声を出すのは，7割以上の子どもに指示を出す時だけに精選します。それ以外は，グループに近づいたり個別に声をかけたりします。

コツ

誰かが怪我をしそうな緊迫した状況では，静かに近づいて後ろからそっと抱きかかえるようにします。その時，「やめなさい」「だめでしょ」などの否定的な言葉ではなく「いやなことがあったんだね」「腹が立ったんだ」と小さく声をかけて落ち着かせます。

◆　◆　◆

終わりの会の風景です。
「①給食袋をランドセルにつけなさい。②A君給食袋を振り回したらダメ。③B班，はやく取りに来なさい。④連絡帳を出して黒板を写しなさい。⑤C

さん，連絡帳忘れたの？」

　たいてい終わりの会は，後に迫る会議が気になっていたり，短時間に連絡したいことや配りたいプリントがたくさんあって，担任は喧噪の中で大声をあげています。そして帰る準備に時間がかかる子どもや，なかなか連絡帳を写そうとしない子どもに少しイライラしています。そして，ついに「いいかげんにしなさい！」と大声で怒鳴る羽目になるのです。

　冒頭の終わりの会の指示を，誰に対して発した言葉であるかを分析してみると，①④は全員への指示，②⑤は1人に対しての指示，③は数人への指示です。それらをすべて同じような大声で指示していると，教室は騒然としてきます。ADHDタイプの子どもは騒然とした教室では，気が散ってますます落ち着かなくなります。聴覚的な困難をもつ子どもは何が大切かを焦点化できず，ますます聞こうとしなくなってきます。言葉を減らすことはどんな子どもにとっても最優先課題です。（参照③「サイレントモード」）
　常に教師は「この指示は何割の子どもに聞かせる内容か」を考えながら指示を出すことを心がける必要があります。全体の7割以上の子どもに対する指示は，全員に聞こえる声で指示を出し，7割以下の子どもに出す指示はなるべく個人的にアプローチするのです。
　少し厳しめの設定ですが，私も大きな声のめやすは7割以上の子どもだと常に自分に言い聞かせていました。全体の一割にも満たない数人の子どもに対する指示でも大声をあげてしまう自分を戒めるためにも……。
　たとえば，教室の後ろで箒を振り回している子どもがいるとします。それを見た教室の前方にいる教師は，つい「Dさん，危ない！　やめなさい！」と大声で怒鳴ってしまいまうのではないでしょうか。けれどもし，Dさんが ADHDからくる二次障害の反抗挑戦性障害のある子どもなら，みんなの前で怒鳴られたことでプライドが傷つき，さらにしつこく箒を振り回すかもしれません。教師の大声でさらに興奮し，箒を投げ飛ばしてしまうかもしれませ

ん。箒を下ろすタイミングも失ってしまいかねません。

　また周りの子どもたちも突然の教師の大声に驚き，不安を感じるでしょう。聴覚的に困難のある子どもは耳を塞ぎ，教室にいることが苦痛になるかもしれません。その場で大声で怒鳴るより，Ｄさんに足早に近づき低い静かなトーンで「Ｄさん，やめなさい」と言う方が効果的です。その時，箒を持ってぐっと睨みつけるのも効果的です。（参照⑥「上品と下品」）

　大声で怒鳴ることと，足早に近づくことは，ほんの２～３秒の違いです。箒を２～３回振り回した後で，掃除をするつもりだったかもしれないのに，「危ない」と決めつけられると，教師に対して恨みが残ってしまいます。

　また離れた場所から大声を出すより，Ｄさんのそばに近づき１人に指示を与える方が確実に伝わります。遠くから何回も指示を繰り返すより，不注意な子どもにとっては，近づいて指示を出す方が親切で，結局早く伝わるのです。

第２章　あったかクラス大作戦

「７割以上」と心がけていても筆者自身も，つい大声で怒鳴ってしまうことがあります。その時は「しまった！　手持ちのカードのうち，１枚使ってしまった。あ～あ，これで本当に注意したい時に効き目がなくなる」と反省します。大声で怒鳴ってしまっても，この振り返りが大切です。この反省によって10回怒鳴ることが９回に減るかもしれません。

　大声で怒鳴ることは１日に数回にとどめたいものです。いつもがみがみ叱っていると，肝心な時に効き目がありません。（参照②「森レベル・林レベル・木レベル」）

　教師も人間ですからつい大声を出してしまうかもしれませんが，その時に「しまった」と思う気持ちが大切ではないでしょうか。

12 子どもに自己コントロール力をつける
ぼくの（わたしの）おまじない

Q 担任している子どもたちは，すぐにカッとなって手が出やすく，トラブルがたびたび……。ケンカをしないように声をかけますが，減りません。

A 自己コントロール力をつけるために，呼吸法を学びます。カッとなった時に使うためには，毎日繰り返し行うことが必要です。

ポイント

毎日朝の会で呼吸法「ぼくのおまじない」を1分間実施します。この1分は"授業を始める前の落ち着く時間"と考えます。興奮をおさめ集中力を高めるための時間は，決して無駄にはなりません。

コツ

第1～3期に分けて，段階的に取り組みます。1年間続けても良いですが，6週間実施して定着している様子なら，いったんやめ，次の学期の初めに再度導入するなどメリハリをつけます。

◆　◆　◆

子どもがカッとなって暴力を振るう背景にはいろいろな理由があります。それを丁寧に聞き出すのは大切なことです。しかし，カッとなって物を投げてしまったり，友だちに怪我をさせてしまったりした後のみじめな気持ちや恥ずかしい気持ちは，さらに子どもの自尊心を下げます。

トラブルの際には，大人が大声で制止するのではなく，後ろから抱きかかえたり，その場所から移動させるのが最善の方法ですが，周りの友だちからの冷たい視線は脳裏に焼きついているかもしれません。

外からの制止ではなく，内からの制止つまり自己コントロール力を身につけさせることは，子どものこれからの人生にとって大切な支援です。よく「カッとなった時は10をかぞえる」や「大きく深呼吸する」ことが解決策としてあげられていますが，カッとした時に急にそう言われても冷静になることは困難です。

　そこで，平静な時に毎日取り組むことによって，頭だけではなく体全体で自己コントロール法を学びます。それが「ぼくの（わたしの－以下省略）おまじない」です。

　「ぼくのおまじない」は毎日１～２分程度，朝の会で実施します。１か月続けて効果を検証してみてください。

１　第１期（１～２週間目）

　初めに子どもたちになぜ「ぼくのおまじない」に取り組むのか，どんな効果があるのかを説明します。

　「みんなにとっておきのおまじないを教えてあげるわ。本当はもったいないから誰にも教えたくないのだけれど，〇組のきみたちは先生の大切な子どもたちだから，こっそり教えてあげるね。（と，もったいをつけ……）今まで，みんなは腹が立ったり，むかついたりしたことはありますか？」（子どもたちは，友だちとのトラブルや兄弟げんか，両親にむかついた話を興奮しながら口々に言う。）「その時，きみたちはどうしたの？」（弟をなぐったとか，腹が立ってドアを蹴ったなどと言う。）「その結果どうなりましたか？」（よけい両親に叱られた，謝った，ゲームを取り上げられた……などの話が出てくる。）

　「そうか。つらい思いをしたんだね。腹が立った時に，話し合いができたら良いけれど，相手に暴力を振るって怪我をさせてしまったら，結局また叱られてつらい思いが２倍になるね。そんな時に『ぼくのおまじない』を使ってください。気持ちが落ち着いてイライラしなくなります。」

その後,「ぼくのおまじない」の方法を教えます。「1分間, だまって静かに呼吸します。その時に3秒間, 鼻から空気を吸い込みます。その時になるべくお腹のあたりまで息を吸い込んでね。次に6秒間, 口で（それもおちょぼ口で）静かに吐きます。これを1分間繰り返して下さい。」
　たとえ1分間でも毎日繰り返すことが大切です。この呼吸法は自律訓練法の1つで, 深呼吸することで血のめぐりがよくなり, 落ち着いてくるというクールダウン法です。興奮した時に使うためには, 平静な時に繰り返して, 頭だけではなく体に染み込ませるのが大切です。これは先述した③「サイレントモード」の練習にもなります。これを約2週間続けます。

2　第2期（3〜4週目）

　「ぼくのおまじない」が, 少しずつ定着してきたら, 今度は「自分を励ます言葉」を心で繰り返しながら, 深呼吸するようにします。
　私たちは, いろんな困難に突き当たった時, 心の中でいろんな言葉が駆けめぐっているはずです。たとえば腹が立って相手を罵倒したくなる時, 私はいつも「明日まで待ってから言おう」と自分に言い聞かせます。次の日になると意外と忘れていたり, すでに小さな出来事となり自分の中で消化できていたりします。また, それでも納得いかない出来事は相手に話をしますが, 時間をおいたおかげで, 冷静に話すことができます。
　また, 掃除が苦手な私は「掃除しなくても死ぬわけでもなし」という言葉に何回も救われています。（笑）
　自分を支える言葉をいくつもっているかが, 人生を豊かにすると言っても過言ではありません。私はこれを「私のスローガン」と呼んでいます。
　発達障害のある子どもには, 自分を律する言葉や励ます言葉が必要だと言われています。「負けるが勝ち」「勝つも負けるも時の運」などの言葉は, 勝ち負けにこだわるADHDや広汎性発達障害のある子どもには有効なスローガンです。

自分を励ます言葉や，自分を律する言葉や願いを心の中で反芻(はんすう)しながら「ぼくのおまじない」を行います。言葉は子どもによってそれぞれ違ってもかまいません。ほとんどカッとすることのないおとなしい子どもなら，「跳び箱の4段を跳びたい」「友だちを増やしたい」などの願いでもかまいません。

「ぼくのおまじない」と「自分を励ます言葉」が連動して，実際のトラブル場面で有効に使えるようになることが目的です。自分で言葉を思いつかない子どもには，教師の方から提示します。黒板にいくつかのことわざや言葉（負けるが勝ち，急がばまわれ，にこにこにっこり等）を書き「この中から選んでもいいよ」と声をかけます。

「自分を励ます言葉」を発表させたり，プリントに書かせて紹介するのも良いでしょう。もちろん言いたくない子どもの気持ちも尊重します。友だちの「励ます言葉」を聞いて感心したり，自分の言葉を変更するのもOKです。

3 第3期（5〜6週間目）

1か月続けた「ぼくのおまじない」の結果を検証します。

朝の会で「ぼくのおまじない」を始める前に「昨日，『ぼくのおまじない』を使ってみた人はいますか？」とたずねてみます。「使おうと思ったんだけど，腹が立ったら忘れてた」と言ったなら「そうか。今度は使ってみようね」と励まします。もし「昨日むかついた時に，『ぼくのおまじない』を使ってみた。そしたらスーッと気持ちが落ち着いたよ」と言えば，「そうか，良かったね〜また使ってみてね」と言います。するとそばで聞いている他の子どもたちも「私も『ぼくのおまじない』を使えるかなあ」と意欲的になります。

こんな風に朝の会で毎日「昨日『ぼくのおまじない』を使ったかどうか」をたずねてから，「ぼくのおまじない」を行うのです。誰もおまじないを使わなかったのなら，トラブルが起こらなくて良かったと言い，もしトラブル

が起こった時に使えなかったのなら,「使おうと努力した」ことに対してほめます。そして,実際におまじないを使えた時は,うんとほめます。ほめ続けていると,どんどん意欲的に使おうとする子どもが増えていきます。

　朝の会で「ぼくのおまじない」に使う1分を無駄にしないために,こんな工夫をして下さい。朝の会のすべてのプログラムが終わり,1時間目の授業の準備をしてから,「ぼくのおまじない」を始めます。1時間目が算数なら,算数の教科書・ノート・筆記用具などすべてを机の上に準備させてから始めます。

　1分間のおまじないが終わると,教師は静かな落ち着いたトーンで「はい,終わり。算数の46ページを開きます」と言ってそのまま静かに授業を始めます。こうして静かに授業を始めることができたら,「ぼくのおまじない」は大成功です。

　発達障害のある子どもにとっても定型発達の子どもにとっても,自分の感情をコントロールできる力を身につけることは,有意義です。そして,それはクラスの秩序を保つためにも有効な手だてです。

コラム　行動と思考の切り替えはキーワードで

　こだわりが強く，切り替えが苦手な子がいます。場合によっては，行動や思考をうまく切り替えるために，「決まり文句」やキーワードを使うと効果的です。

　順番が守れず，なんでも一番にやりたいという気持ちが強かった自閉症のある男の子に「レディーファースト」という概念を伝えたら，常に女性を先にする素晴らしい紳士に変身しました。

　また，ゲームに負けるのが耐えられない子どもが「負けるが勝ち」という言葉を学び，その言葉をつぶやいて気持ちを切り替えることができるようになったこともあります。

　このように言葉には人の行動や思考を調整する機能があります。

　ルールや常識を一般化された短い文章やキーワードとして効果的にインプットすることが重要です。その言葉から，行動や気持ちを切り替えることができるようになるのです。

　また，④「叱るより笑えるタイムアウト」でも，授業中におしゃべりをやめなかった子どもに「沈黙は金」という言葉を視写させる取り組みが示されていますが，これは授業中は話さないという基本ルールを思い出すために大変効果的なことです。

　また実際の日常生活でも，長い指示を出したり，「〜しなさい！」と命令口調になるより，「レディーファースト」や「沈黙は金」と一言で短く言うほうが，効果があります。

13 子どもを集中させる教師の話術
「ゆっくり毅然と」「相手の興奮はトーンを変えてかわす」

Q 授業中,子どもたちの中に手遊びをしたり,ボーッとしたりして,集中できない子がいます。どうしたら,集中できるようになるでしょうか。

A 集中できず,手遊びを始める子どもの中には,注意集中に課題がある子どももいるかもしれません。そういった意味では子ども自身が集中する技術を身につける取り組みも有効かもしれません。しかし,教師のしゃべり方,間の取り方などにも工夫が必要です。

ポイント
話の「間」が子どもの聴覚的な集中力を高めます。

コツ
教師は授業が勝負です。一日の大部分は授業です。その授業を,わかりやすい,聞き取りやすいものにしましょう。

◆ ◆ ◆

あまりにも手遊びが多く集中できない子どもは,多動・衝動性型ADHDかもしれず,あまりにもボーッとしている子どもは,不注意優勢型ADHDかもしれません。おかしいと思ったら,きちんと検査をして医療につなげることも大切です。

しかし医療や診断につなげるだけですべてが解決するわけではありません。教師側にも,ADHDのある子どもをも引きつける話し方の工夫が必要です。また,その工夫はクラスの子ども全員を引きつけるはずです。

筆者はとても早口で,友人から「えっ? もう1回」と聞き返されること

がよくあります。自分自身に早口の理由を問うてみると，1つは次から次へとしゃべりたいことを思いつくから，もう1つは思いついた時にしゃべらないと内容を忘れてしまうからです。特に学校では，あれもこれも子どもたちに伝えたいと思うあまりに，どうしても早口になってしまいます。そこには子どもへの配慮はありません。

　教師はしゃべるのが商売です。それだけに，子どもたちが聞き取りやすい話し方は重要です。

　そのための配慮として，

1　ゆっくりとしゃべる
2　間を取る
3　相手の興奮はトーンを変えてかわす
4　毅然としゃべる

この4つが重要です。

1　ゆっくりとしゃべる

　以前，「ゆっくりとしゃべる」ということを，筆者は間違えて捉えていました。文節と文節の間に隙間を空けることをゆっくりしゃべることだと勘違いしていたのです。たとえば，

　「堺市立山岡東小学校の／特別支援教室に通う児童の／個別の指導計画の作成について／打ち合わせします」

と，スラッシュのところに，隙間を空けてしゃべっていました。しかし，依然と相手からの聞き返しが多くありました。聴覚的な困難をもつ子どもだと「さかいしりつやまおかひがししょうがっこうの」という20字程の言葉は長すぎて聞き逃してしまうでしょう。「さ・か・い・し・り・つ……」と一文字一文字ゆっくりとしゃべらなければ伝わらないのです。しゃべる側からす

れば少々まどろっこしく感じられますが，強調したいところが「個別の指導計画」であれば，特にその部分をゆっくりとしゃべる必要があります。アクセントをつけたり，黒板に書くなど視覚支援があれば，さらに効果的です。

2　間を取る

　早口でしゃべらないためには，間を取ることも大切です。間を取らずに機関銃のようにしゃべり続けていると，子どもたちはやがて話を聞かなくなってきます。眠りをさそう講演は，たいてい講演者が間のないしゃべり方をしているのではないでしょうか。ですから，そんな講演者が何かの拍子に急にだまると，逆に目が覚めたりします。

　聴覚的な困難を抱えている発達障害のある子どもたちに「教科書の26ページを開けなさい。そのページのチューリップの3番をノートに写しなさい。答えを書いたら，赤鉛筆を出して最後のページにある解答を見てマルつけをしなさい」とたたみかけるように言うと，いくつかは聞き逃してしまうでしょう。他の子どもたちも同様です。

　子どもたちに確実に聞き取らせるためには「教科書の26ページを開きなさい」……ここで間を取ります。このわずかな時間に教師の指示を聞いていなかった子どもは「あれっ」とあたりをきょろきょろと見回します。そこで子どもの頭のスミに「…26ページ…」と残響音が響いてくるのです。間がなく次々と言葉が続くと，この残響音が頭の中で響きません。間があるからこそ，次の言葉がはっきりと響いてくるのです。

　しかし，筆者は以前，この間が怖くてひたすらしゃべり続けていました。この間に，おしゃべりな子どもが口を挟むのが怖かったからです。間があると必ず口を挟んでくる子どもがいます。

　その時こそ，非言語・ジェスチャー・視覚支援です。口を挟もうとする子どもがいたら，ジェスチャーで「シーッ」とおしゃべりを押さえます。また，黒板に唇に×をつけたカードを貼って（視覚支援）指さします。⑯「教室で

は，目から，耳から」の「先生のポケット」も有効です。このようにして，間を有効に取ると，教室も静かになります。聴覚的認知に困難がある子どもも指示を聞き取りやすくなります。

おしゃべり禁止カード

3　相手の興奮はトーンを変えてかわす

　相手が興奮している時，こちらが興奮すると，火に油を注ぐことになります。「なんで俺が掃除せなあかんねん，ばばあ」「ばばあとはなんですか。もう1回言ってごらん」「ばばあやから，ばばあ言うてんねん，死ね」といった風に泥沼化します。そんな時は，一呼吸おき，低いトーンで「ふ～ん，そうかな～」と返すと，相手は肩すかしをくらったようになります。相手のトーンや呼吸とずらすのがコツです。こちらが堅い板になると，子どもの怒りや興奮を跳ね返すことになりますが，こちらがふわふわの絨毯になると，子どもの怒りや興奮を包み込むようになる……そんなイメージです。

　先ほどの会話であれば「ばばあやから，ばばあ言うてんねん，死ね」と言われたら「心配せんでも，君より，はよ死ぬよ」「そのうち，みんなじじいか，ばばあになるねんで」「そうか～A君はどの箸がお気に入り？」と返していくのです。文面では表しにくいのですが，相手と同じトーンではなく，落ち着いたゆっくりしたしゃべり方でかわすのです。相手の挑発に巻き込まれないことがポイントです。

4　毅然としゃべる

「毅然」という言葉は現代においては重要なキーワードです。②「森レベル・林レベル・木レベル」でも毅然と叱ることの大切さを述べました。

しかし，とてもあいまいな概念です。「毅然」を辞書で引くと「意志が強くてしっかりしているようす」「信念や意志が強く，容易に物事に動じないようす」などとあります。「毅然」に反する概念は「感情的になる」「おろおろする」ではないでしょうか。

発達障害のある子どもやさまざまなストレスを抱えている子どもは，容易に興奮して感情を爆発させやすく，教師が感情的に興奮すると，さらに興奮します。また，教師が感情的になり高圧的に押さえ込もうとすればするほど反抗的になります。そして，教師がおろおろすると，子どもは教師を頼りないと感じ，どんどん指示が通らなくなる怖れがあります。不安が強い特性のある広汎性発達障害のある子どもは，特に不安が増大します。

では「毅然とした教師」とはどんな立ち振る舞いをしているのでしょうか。

筆者は「毅然」という言葉からはほど遠い性格なので，いつも「毅然とした教師」にあこがれていました。毅然とした先輩の真似をしながら「毅然ぶる（毅然と振る舞う演技）」ことに徹していました。性格を変えることは難しいので，「形」から入るのです。

毅然と見えるには下記のような要素があるように思います。

① **言葉を減らす**…ペラペラとしゃべる教師は，毅然と見えません。
② **ゆっくりとしゃべる**…早口でしゃべる教師は，毅然と見えません。
③ **落ち着いてしゃべる**…興奮し，あわててしゃべる教師は，毅然と見えません。
④ **ゆっくり歩く**…せかせかと歩き回る教師は，毅然と見えません。
⑤ **胸をはって姿勢よく歩く**…猫背で姿勢が悪い教師は，毅然と見えません。

他にも，職場によっては難しいかもしれませんがきちんとした服装をする，またきれいな日本語を使う教師も毅然と見えるのではないでしょうか。
　筆者は授業中と休み時間では立ち振る舞いを変えています。授業中は，なるべく方言は減らし，標準語をしゃべります。あだなも使いません。それは，「毅然ぶる」ことも目的ですが，授業中はフォーマルな場であることを子どもたちに意識させたいからでもあります。授業中は「B君，こちらを見ましょう」と丁寧なしゃべり方を心がけていますが，休み時間は「ねえ〇〇（あだな），昨日の試合はどうやったん？」とべたべたの大阪弁でフレンドリーにしゃべりかけます。また授業中はなるべく言葉を減らし，その分，休み時間は2倍3倍と子どもたちにしゃべりかけます。
　そして，子どもたちの許せない態度には毅然と対処します。不適切な行動には，「箸をなおします（片づけます）」とするべきことを短く指示し，まだ続く時は計画的無視（配慮ある無関心）を装います。そしてよい行動に変容した時に間髪入れず適確にほめます。（※ペアレントトレーニングで使う「計画的無視」とは，まさに毅然とした振る舞いです。）
　つまり子どもが無理難題を言ったりごねるような不適応な行動をしている時，教師は「取りつく島もない態度」をしますが，子どもが適応している時は笑顔です。枠組みをはっきりさせるためにも，毅然とした態度は必要なのです。

　教師は話芸と演技で勝負していると言っても過言ではありません。一方的にしゃべるだけならロボットにでもできます。子どもの注意を引きつける立ち振る舞い，聞き取りやすいしゃべり方の工夫をすることは，教師の責務です。それは，発達障害のある子どもだけでなく，すべての子どもにとっての支援になります。

14 子どもに確実に伝わる具体的指示
～わからない指示は意味のない指示～

Q 字が乱雑なので，「丁寧に書きなさい」と言うのですが……

A 「丁寧に」「きれいに」という言葉は，どの程度が丁寧できれいなのか基準がはっきりしていません。あいまいな言葉ではなく，具体的に指示します。

ポイント
カードを使って「視覚支援」することや，数字を使うと効果的です。

コツ
「友だちはきれいに書けているよ」など他の子どもの字と比べると，自信をなくしてしまいます。自尊心が下がらないように，その子自身が，いかに努力したかを評価します。

◆　◆　◆

　広汎性発達障害のある子どもは，あいまいな指示が苦手です。相手が何を言いたいのか察することが困難なため，具体的で明確な指示が有効です。
　また，クラスの他の子どもたちにとっても，具体的で明確な指示はわかりやすいはずです。

1 ×「丁寧に書きなさい」「きれいに書きなさい」

　「丁寧に」「きれいに」という言葉は抽象的で，なおかつ主観的です。具体的にどんな字が丁寧できれいな字か，よくわかりません。

　筆者はこんな方法を使っています。学校では毎日，新出漢字を学習するので，それを丁寧な字を書く練習に使います。そして，「一画一秒で書く」ことを指示します。漢字ドリルにはたいてい，なぞり書きの後にいくつか自分で練習する枠があります。まず，自分で書く前に「この新出漢字は何画ですか？」と質問します。「12画！」「では4文字では何画？」「48秒！」「では48秒で書きます。ようい，はじめ！」と言ってタイマーを48秒に合わせて，始めます。タイマー係を決めて，セットさせるのも良いでしょう。4文字書き終わったら静かに手をあげさせますが，タイマーの鳴る音とぴったりだと喜びます。「ぴったりだったね」と教師もほめます。

　一画一秒で書くと，驚くほど丁寧に書けるようになります。広汎性発達障害のある子どもは「丁寧に書く」ことが体験としてわかりますし，ADHDタイプの子どもはタイマーを使うことで，じっくり書けるようになります。タイマーの鳴る音より早すぎても遅すぎても，「今度はぴったりを狙うぞ」という意欲につながります。集中して静かに書くようになり，数字を取り入れることによってゲーム感覚で楽しめるので，喜んで漢字を書くようになります。何回も「丁寧に」「きれいに」と言うより，はるかに効果的です。

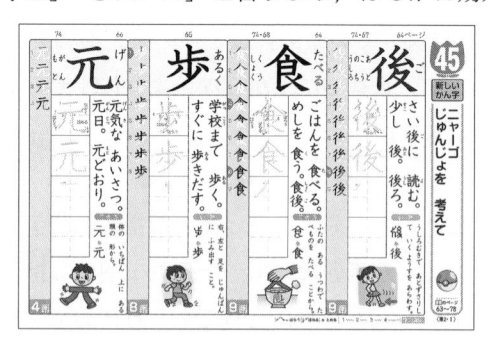

漢字ドリルにある新出漢字の練習ページ

2　×「だんだん字が雑になっているよ」

　「字が雑になっている」と指摘されても，どんな状態が雑な字で，雑でないかが，あいまいです。ですから私は，学期の初めや新しいノートを使う時，必ずこう言います。「これからノートを大切に使うために，最初のページは，最高に美しいと自分が思える字で書きましょう」そして，たっぷり時間を取って視写させます。漢字ノートも算数ノートも連絡帳も同様です。新しいノートを使う時は，誰でもきれいに書こうという意欲にあふれています。時間のない時は「このノートは大切に使います。〇月〇日　堺太郎」と署名するだけでもかまいません。そしてその上に赤鉛筆で「手本」と書いておきます。最初のページをその子どもの「お手本」とするのです。

　そして，何週間，何か月かたって字が乱れてきた時に，「最初のページのお手本を見てごらん」と言います。前述の「だんだん字が雑になっているよ」と言ってもピンときません。「隣のAさんの字を見てごらん。きれいでしょ」などと言うと自信をなくしてしまいます。以前自分が書いた最初のページの字と比べるのなら，自尊心が下がる怖れはありません。「やる気になれば，こんな美しい字を書くことができるんだ」と振り返ることが，僕もできる，という意欲にもつながります。

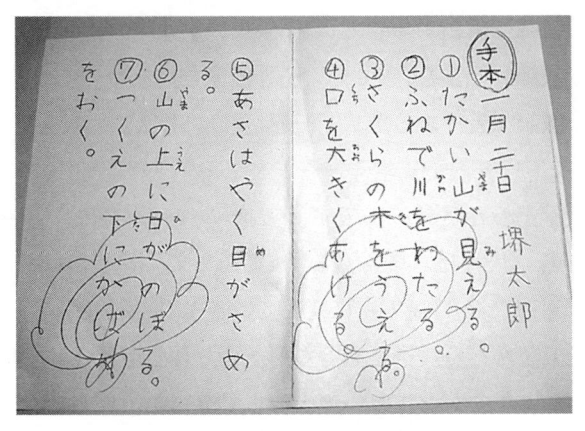

ノート最初のお手本ページ

3 ×「上手に読みなさい」

　「上手」というのもあいまいでわかりにくい表現です。発音，抑揚，トーン，間の取り方，それらすべてを総合して「上手な読み方」になるからです。上手な音読を聞かせるのが一番ですが，聴覚的短期記憶が弱かったり，漢字の読みが定着していなかったりする子どもは目で字を追うだけで精一杯です。教師が範読してから，子どもに指名読みさせるのが一般的な音読指導ですが，それを少しだけ工夫して下さい。「追っかけ読み」です。

　教師が短い文章を読んで，すぐに同じ文章を子どもたちに読ませるのです。次の例は，「ショート追っかけ読み」です。短い文節を教師が音読した後に，子どもが同じ文節を読むのです。これなら聴覚的短期記憶の弱い子どもでも，漢字の読みを覚えることができます。目で追いかけることも可能です。また，この時に自分で漢字のよみがなを書かせるのもよいでしょう。

ショート追っかけ読みの例

教師「去年の」	子「去年の」
教師「12月3日に」	子「12月3日に」
教師「体育館で」	子「体育館で」
教師「車いす体験の」	子「車いす体験の」
教師「授業を」	子「授業を」
教師「受けました」	子「受けました」

　次は「ロング追っかけ読み」です。「去年の12月3日に」と少しずつ文節を長くしながら，最後は「てん読み」（てんまで，追っかけ読み）「まる読み」（まるまで，追っかけ読み）に変えていきます。

　教師が1人で読んだり，子どもたちがだらだらと指名読みをしていると，不注意な子どもは集中がとぎれ，途中から手遊びを始めてしまいかねません。他の子どもたちにとってもだらだらとした授業はおもしろくありません。

また，教師の代わりに読むリーダーを決めて音読させるのも，子どもは喜びます。先生役のリーダーになることも喜びますし，リーダーの後について音読することも緊張感があって楽しいようです。リーダーは間違えないように注意を払いますし，リーダーの後を追っかけて読む子どもたちも，耳をそばだてて聞いています。

4　×「大きな声で元気よく読みなさい」
　「大きな」は，どのくらい大きいのかわかりにくいようです。
　筆者がよく使う指示は「隣のクラスに聞こえるように，読みましょう。あとで隣のクラスの子に聞こえたか聞いてみましょう」「職員室に聞こえるように，読みましょう。あとで校長先生に聞こえたか，聞いてみましょう」です。休み時間の後で「校長先生が聞こえたって言ってたよ」などと言うと大喜びです。
　また「今の声の1.5倍の声で読みましょう」「今の声の3.2倍の声で」などと数字で表すのも効果的です。「うわあ，今の声は5倍だったわ」などと大げさにほめると，音読が大好きになります。声をそろえたい時も「今の声は，折り紙の角が合ったみたいにぴったり」などとイメージを膨らませるようにほめると，ますます音読が好きになります。

5　×「口を挟まない。だまって。今はしゃべりません」
　「先生がしゃべっている時は，『まる』まで待ちます」「『てん』のところでは口を挟みません」というクラスのルールをつくります。「てん」「まる」カードをつくり，黒板にその「てん」「まる」カードを貼ります。そして，黒板の「てん」「まる」カードのところを，指で下に向かって静かにすべらせながらしゃべります。誰かが口を挟みかけたら，首を振りながら「だめよ」という非言語メッセージを送り，おしゃべりを押さえます。そして，「まる」カードのところでは必ず子どもが意見を言える時間を取ります。この時間を

確保しないと，次から待てません。

　「てん」「まる」カードは視覚支援で，教師の指が「まる」カードに近づいていくのが見えることで見通しが立ちます。その結果「もう少ししたら質問できるから，我慢しよう」という自己コントロール力を育むのです（参照⑯「教室では，目から，耳から」）。

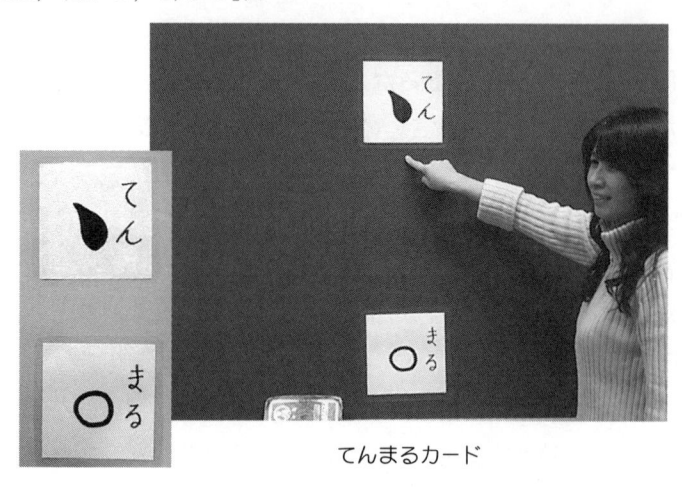

てんまるカード

6　×「字が小さすぎる。大きな字を書きなさい」

　どれぐらいが大きくて，どれぐらいが小さいのかわかりません。紙の大きさが変わると，なおさらです。画用紙に字を書かせると，予想以上に小さな字を書いてしまいます。

　画用紙に書く時は「1つの字が握りこぶしぐらいの大きさで書きましょう」，原稿用紙に書く時は「まわりの枠にくっつくぐらいの大きさで書きましょう」と言います。中途半端な大きさなら，薄く枠を書いてから用紙を渡すと良いでしょう。

7　×「きちんと座りなさい。姿勢良く座りなさい」

　「きちんと」というあいまいな言葉を使うより，「グー・チョキ・パーで座

ります」と具体的な指示を出すのがオススメです。机とお腹の間に，グーが入る距離。チョキで両手で机を挟み，身体の傾きをまっすぐにします。そして両手のパーを縦につないで，机と両目の距離を測る……という指示です。

「背中を椅子の背もたれにくっつけると，背中の神経から，脳の神経へ頭を働かせる指令を送るんだよ」「おへそを先生に向けなさい」「足を机の板の下に入れましょう」とイメージをもたせると背中がしゃんと伸びます。「かぎがっちゃん」カードを用いて，視覚支援を取り入れながら指示するのも効果的です。(参照⑯「教室では，目から，耳から」)

8 ×「ちゃんと謝りなさい」
　広汎性発達障害のある子どもの中には謝っているつもりなのに，友だちから「ちゃんと謝ってくれない」と言われる子どもがいたりします。誠意の伝わる謝り方がわからないのです。謝り方を具体的に教える必要があります。「謝る時は，まず最初に相手の顔を2秒ぐらい見ます。その時にやにやしたり歯をみせたりしてはいけません」「次に体を45度ぐらいに曲げて地面を見ます。その時相手に聞こえる声で，『ごめんなさい』と言います」「その後もう1度相手の顔を2秒見ます。その時もにやにやしません。歯をみせません」と具体的に説明します。(参照⑦「3秒ルール」)

　わかっているだろうと思うことが，広汎性発達障害のある子どもにはわかっていないことがあります。それは他の子どもたちにも見られることです。あたりまえのことでも，具体的にわかりやすく説明することがクラスのトラブルを減らします。

コラム 「わかる指示」は教育の基本

　よく私たちが使う言葉でありながら，実は子どもがわかっていない言葉があります。

・省略された指示：「早くしなさい！」
　（あいまいで，「何を」早くするのかわかりません）
・こそあど言葉：「そんなことやめなさい！」「これいつもどおりにやってください。」
　（話し手のジェスチャーや行間にある意図などの非言語，つまり場がよめないと指示語が何を指しているかわかりません。）

　これらの言葉は，「具体的指示」の取り組みのように，子どもがわかる指示に置き換えて伝えることが大切です。
　「出した指示の内容を子どもが理解しているか，確認し，そしてわからなかったら，わかる指示に変える」ということは，教育の基本と思います。
　特別支援教育の基本は，生徒にわかる授業をするということです。「わかる指示」を出すためには，その子の学習スタイルの偏りやアンバランスな特性をまず理解する必要があります。

15 クラスが1つにまとまる記念日遊び

Q クラスの子どもたちが仲良く遊べず，すぐにケンカになってしまいます。どうしたら仲良く遊べるようになるでしょうか。

A 特に発達障害のある子どもには，友だちとうまく遊べるようになるためのソーシャルスキルトレーニングが必要と言われています。しかし，それ以外にも対人関係の苦手な子どもが増えています。ですから，ソーシャルスキルトレーニングをクラスに取り入れることをオススメします。クラス全員でがんばった日を「記念日」とし，それを集めて遊ぶ日を設定する「記念日遊び」という取り組みです。

ポイント

全員で目標を達成した時は，連帯感が生まれます。反対に，達成できなくても「友だちを責めない」というルールを徹底させることが大切です。

コツ

休み時間を使うのではなく，体育の時間などを利用して全員で遊びます。それが子どもたちにとっては，記念日を集める魅力になります。ソーシャルスキルトレーニングの時間と捉えれば，決して無駄ではありません。

◆　　◆　　◆

米国へ学校視察に行った時，生徒が授業中に適切な行動を取ったら，教師がその子どもの机に「札」を置いて短くほめていました。その札はお金の代わりになっていて，その札の枚数によって購買部で好きな品物（トークン＝ほうび）に引き換えることができるシステムでした。私は驚きを覚えると共

に，日本の学校で同じことができないかと考えました。そして実践しているのが，学級集団全体の意欲を高めつつ，トークンシステムとなる「記念日遊び」です。

どのクラスを担任しても，必ず卒業文集には「『記念日遊び』が1番の思い出です」「『記念日遊び』が楽しかったからこのクラスで良かった」と「記念日遊び」について記されていました。どの学年の子どもたちにとっても，人気のある取り組みでした。

1　記念日を設定する

まずクラス全体でがんばった日を「〇年△組の記念日」と認定します。たとえば「全員給食を完食した日」「全員宿題忘れなしの日」「全員発表した日」「全員はんかち・ティッシュを持ってきた日」「全員帽子をかぶってきた日」などです。記念日の基準は，そのクラスの実態によって難易度を調整します。「全員宿題忘れなしの日」が難しいクラスならば「全員計算ドリル5問をしてきた日」と目標を変えたり，「全員忘れものなしの日」が難しいクラスなら「全員名札を持ってきた日」に変更します。少し努力すれば達成できそうな目標を設定することがポイントです。容易すぎても難しすぎても意欲がわきません。

そして，「記念日が9日集まったら，みんなが自由に遊べる時間を，1時間プレゼントします」と宣言します。授業時間を1時間プレゼントするということが，子どもにとっては大切なポイントです。以前はよく休み時間に「みんな遊び」として，全員でドッジボールをしたり鬼ごっこをしたりしていました。しかし休み時間は，子どもたちが各自好きなスタイルで自由に過ごす

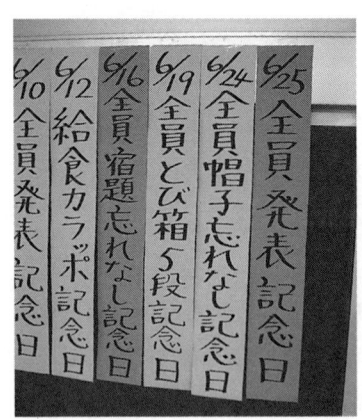

記念日の札

時間として保障されなければいけません。特に広汎性発達障害のある子どもは，休み時間こそ集団ではなく，1人で図書室で過ごしたり虫取りや散歩をしたりと，自分のペースで過ごすことができる大切な時間です。
　また，休み時間ではなく授業中に遊べることで，子どもたちの「お得感」が増すのです。教師も「本当はしたい勉強がたくさんあるのだけれど，あなたたちがんばったから1時間プレゼントするわ」と値打ちをつけます。
　9日としたのは，1日が5分として5×9＝45分，つまり小学校では1時間です。3日集まった時に「5×3＝15で，15分遊んでもいいよ」というと，たいてい子どもは「45分で1時間遊べるまで，がんばる」と言います。最初だけは「出血大サービスで，記念日が5日集まったら1時間プレゼントするわ」と言うと意欲的に取り組みます。クラスの実態に合わせて，9日ではなく3日や5日に減らしてもかまいません。

2　友だちを責めない

　記念日遊びを成功させるためには，いくつかの留意点があります。
　せっかくの取り組みが，人間関係を悪くしたり，自尊感情を失わせては元も子もありません。目標を達成することに夢中になるあまりに，「おまえのせいや」「早く手をあげろ」と友だちを責める子どもが出てくる怖れがあります。
　友だちを責めないことを徹底させます。筆者のクラスでは「全員発表」を達成することを記念日の目標にしていました。黒板に子どもたちの名前を書いたマグネットシートを，縦1列に貼り，子どもが発表する毎に，名前シートの右横に「正」の字で印を入れていきます。
　このように黒板に発表回数を記録していくことは，「ハイハイ，ぼくをあてて」「他の子ばかりあててる」という子どもに効果的です。誰が何回あたっているか，視覚的にわかるからです。手間はかかりますが，教師が公平にまんべんなく指名している根拠になります。「A君は3回あたっていて，B

黒板の名前マグネットと,「正」の字

君はまだ1回だからB君をあてたのよ」と言えば,納得します。

　私は,月曜日は白のチョークで印を入れ,火曜日は赤,水曜日は黄,というように曜日毎にチョークの色を変えていました。1週間の最後に係が1週間に発表した数を記録して,学期の終わりには集計して,表彰状を渡していました。この方法で,挙手する子どもの数は飛躍的に増えました。

　さて,その発表ですが,筆者は1日に1回全員が発表すれば「全員発表記念日」と認定していました。これなら,自分の得意な科目で手をあげることができます。挙手して発表することが得意な子どももいれば,苦手な子どももいます。この苦手な子どもが,最後まで手をあげないことがあります。もちろん本人は手をあげたいと思っているのですが,なかなか勇気が出ないのです。全員発表記念日を狙う時には,一番に手をあげる子どもも,最後になる子どもも必ずいます。その時に「手をあげない友だちを責めない」「手をあげるようにせかさない」というルールを徹底させる必要があります。手をあげることがプレッシャーになり,不安が強まる子どもがいるからです。「最後の友だちが手をあげるまで,あたたかく見守る」というルールが浸透していれば,最後の子どもが挙手した瞬間は,拍手がわき起こり感動が生まれます。筆者のクラスでは,幸いなことに最後の子どもが挙手した瞬間に「やった〜」という歓喜の声と共に拍手がわき起こり,発表した本人も満面

の笑みをたたえていました。この体験が，挙手の苦手な子どもにとっては，次も発表しようという意欲につながりました。全員発表の取り組みは，今まで手をあげたことがなかった子どもが初めて手をあげた，という奇跡も数多く生みました。多くの子どもが手をあげることに意欲的になり，苦手な子どもも挙手に抵抗が少なくなりました。ほとんどの子どもが，前年度より発表回数が増えたと喜んでいました。

3　記念日遊びのルール

　みんなで遊ぶ記念日遊びには，ルールも必要です。私は記念日遊びをソーシャルスキルトレーニングの機会と捉え，下記のルールを決めていました。

(1)　**全員で楽しめる遊びを考える**

　記念日遊びは，休み時間の拡大版ではありません。まったくの自由遊びではなく，遊びはみんなで考えます。筆者のクラスでは，ドッジボールやサッカー，バスケットボール，手打ち野球，Ｓケンなどが人気でした。体を使う遊びは，体育の時間に設定しました。室内では，ボードゲーム大会や腕相撲大会，あっちむいてホイ大会，将棋やトランプも人気でした。たまには歩いて近くの公立図書館へ出かけることもあり，日頃本に興味を示さない子どもも，図書館の本のおもしろさにすっかり魅了されていました。

(2)　**2回続けて同じ遊びをしない**

　記念日の遊びは，たいてい多数決で決めます。発言力の強い子どもが希望する遊びが続いたり，違う遊びをしたい子どもが，毎回我慢しなければいけなかったりするのを避けるため，2回続けて同じ遊びをしないと決めました。いろんなタイプの遊びを楽しむことができます。

(3)　**3回に1回は，男女別に遊ぶ**

　基本的には男女混合で遊びますが，高学年になると好む遊びが男子と女子では違ってくるので，3回に1回は男女別で遊びます。男子は運動場でサッカーをして遊び，女子は教室でお手玉やあやとりをしている時もありました

が，どちらを選んでもOKにします。サッカーに女子が「入れて！」と乱入したり，男子があやとりに加わり盛り上がったりしたこともありました。男女別に遊ぶことも，同性の友だちづくりに役立ちます。

筆者は教室のコーナーに，針金をかけて，記念日を書いた短冊型の画用紙をぶらさげていました。記念日がいくつ集まったか，目に見えるのも楽しいものです。「先生，あと2つで記念日遊びができるなあ」「早く9個集めて遊びたい」と意欲を高めることができます。

記念日遊びが増えると授業時間数が削られるのではないか，という心配には及びません。筆者の経験では，初めこそ2週間に1回遊ぶペースでしたが，しばらくすると1か月に1回ぐらいのペースに落ち着いてきます。ソーシャルスキルトレーニングや友だちづくりの機会と捉えれば，月に1～2回の設定は必要な時間であると言えます。子どもたちにとって記念日遊びは，がんばりがトークン（＝ほうび）に直接つながる喜びの大きい取り組みです。

コラム　みんなで達成！　クラスの中で高めるセルフエスティーム

トークンシステムとはよい行動が出た時にごほうびを与えるという行動療法の1つで，その際，よい行動を取ったことを視覚的に示すとより効果的です。

「記念日遊び」の取り組みでは，黒板のスミに全員の挙手を記録するという視覚化を行い，さらに「みんなで達成しよう」というクラスでの共通目標につなげる仕組みがとられており，秀逸です。

個人目標だけでは，「他人より自分のポイントを高めたい」というライバル意識が強く出ることがあります。無理のない課題をクラス全員でがんばることで連帯感が生まれます。

セルフエスティームもみんなで高め合いましょう。

16 教室でできる視覚支援・聴覚支援 「教室では，目から，耳から」
～先生のポケット・カギがっちゃん～

Q 教師がしゃべっていても，すぐに口を挟む子どもがいて，授業が脱線してしまいます。どうしたら授業中のおしゃべりを減らすことができるでしょうか。

A 「先生のポケット」を使って，衝動的なおしゃべりを減らします。授業の脱線を防ぎましょう。

ポイント

「先生のポケット」は，必ずカードや板書で視覚支援をしながら使います。教室には，さまざまな認知特性をもった子どもが在籍しています。どの子にも理解しやすいように常に「視覚入力」「聴覚入力」のどちらも意識します。

コツ

おしゃべりを制止するのではなく，見通しをもたせることによって気持ちをコントロールできるようにします。

◆　◆　◆

広汎性発達障害のある子どもへの有効な手だての1つに，視覚支援があります。聴知覚に困難のある子どもにとっても，視覚から補うことは支援になります。また，その逆も考えられます。

ですから，通常の学級では，視覚からのアプローチも聴覚からのアプローチも必要です。「視覚入力」と「聴覚入力」の両方を意図的に取り入れるという視点が「教室では，目から，耳から」というタイトルに込められています。特に教室では，聴覚つまり言葉からの情報に偏ることが多いので，指示を黒板に書く，カードを貼るなどの視覚支援を取り入れることを心がけます。

1　聴覚と視覚を同時に使う

　聴覚だけ視覚だけに偏らず，どちらも使えるように工夫します。たとえば，ひらがなの練習はゆっくり声に出しながら書く，書き順を「1，2，3……」と言いながら書く，漢字を書く時に「とめる，右はね，ぐるーっと回って」と言語化するなど目からも耳からも情報が入るように配慮します。どちらかに偏りすぎないことが大切です。

　九九の学習は，ほとんど聴覚を使っています。そこで視覚を補うために，九九を唱えながら書くことを取り入れます。毎回ではなく，5回に1回ぐらい取り入れます。あらかじめ，プリントに「×」や「＝」を入れて印刷しておくと，「ににんがし，にさんがろく……」とゆっくり唱えれば，同じスピードで書き入れることができます。4（し），7（しち）の混同は目からの情報を補うことで是正されます。

　すべての子どもに発達検査を実施し，その子どもの困難さを把握した上でそれぞれのニーズに合わせた支援をすることが理想かもしれません。しかし，通常の学級ですべての子どもの認知の偏りを把握し，それに対応することは不可能に近いため，視覚と聴覚のどちらも取り入れることを心がけます。そうすることが，通常の学級で無理なくできる支援になるのです。

2　かぎがっちゃん

　「ちゃんと座りましょう」「きちんと座りましょう」と教師は指示を出しますが，広汎性発達障害のある子どもには「ちゃんと」「きちんと」のようなあいまいな言葉は伝わりません。（参照⑭「具体的指示」）

　集中して話を聞かせたい時は「かぎがっちゃん」のカードを貼ります。「かぎがっちゃん」は先生の話を集中して聞く合図です。このカードは，座りながら椅子の背もたれの後ろに手を回して，鍵をガチャンとかけるように手を組む，というサインです。後ろに手を組むと，自然と背筋が伸びて姿勢が良くなります。横を向いたり手遊びしたりすることもできないので，自然

と前を向き，話に集中することができます。「きちんと座りなさい」と何回も言うより効果的です。カードを貼ることで，視覚的にも伝わります。

「かぎがっちゃん」で集中している時に，大切な話を短時間で伝えます。長時間になると後ろに組む手が疲れてきます。初めは1〜2分間にし，指示を確実に守らせることを徹底します。話が終わると「かぎ解除」カードを貼ります。この緊張と弛緩の組み合わせが大切です。カードを貼ることによって，話を集中して聞く時間と弛緩する時間を明確にします。大人でも45分間，背筋を伸ばした良い姿勢でじっと座り続けることは困難です。発達障害のある子どもに多くみられる筋緊張が弱い子どもはなおさらです。大切な話は，なるべく簡潔にポイントをしぼって話します。もちろん言葉を減らし，あいまいな言葉を避けることは言うまでもありません。

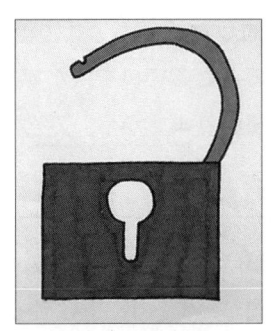

「かぎがっちゃん」カードと「かぎ解除」カード

3 「，」「。」カード

ADHDタイプの子どもは衝動性が強いため，待つことが苦手です。教師がしゃべり出すと，言葉をさえぎったり，出し抜けに答えたり，唐突に関係ない質問をしたりします。

なぜなら，1つは思いついたことを言わずにいられない衝動性があること，もう1つは短期記憶に困難があり，すぐに質問しないと忘れてしまうからです。気が散りやすいので，先生の話を聞いているうちに，質問したい事柄を

忘れてしまう……そんな子どもがクラスにいるのです。いつまでもだらだらと話し続ける教師は問題アリ，です。

　私も友だちとしゃべっていて，タイミングをのがすと何を聞きたかったのか，何を言いたかったのか，忘れてしまうことがあります。年齢を重ねると一層……？

　そこで黒板に ｢,｣ と ｢。｣ のカードを貼ります。｢,｣ と ｢。｣ のカードは縦に離して貼ります。黒板の真ん中あたりに ｢,｣ カードを，一番下に ｢。｣ カードを貼ります。そして，子どもたちに先生の話を聞く時のルールを説明します。

　先生が話している時は ｢。｣ カードにたどりつくまで口を挟んではいけません。質問したくても ｢。｣ カードに来るまで我慢します。もちろん ｢,｣ カードのところで口を挟んでもいけません。｢。｣ カードまで来たら先生の話は終わりますから，みんなの話や質問を聞きます。それまで我慢してね。

　そして教師が話をする時は黒板の一番上に人差し指をあて，｢,｣ カードや ｢。｣ カードに向かって，トントントン……と静かに指を下へ移動させていきます。たとえば「昨日，先生が遠足の下見に行ったら，」と言いながら指をトントンと下へ移動させ，｢,｣ カードの上で止まります。そこでたいてい子どもたちは「先生，どこへ行ったん？」とか「誰といったん？」と口を挟んできます。その質問に1つひとつ答えていたら話が前に進みません。

　そこで質問した子どもには，シーッとジェスチャーでしゃべることを制止します。そして話を続けます。「(昨日，先生が遠足の下見に行ったら,) たくさん鹿がいて先生が買った鹿せんべいを奪い合うようにして食べました」と言って ｢。｣ カードを指します。(参照p.94てんまるカード)

　ここで初めて子どもたちの質問を受けます。「先生，どこへ行ったん？」

「奈良公園というところです」「先生，誰と行ったん？」「4年生の担任全員で行きました」……と。後で先生が必ず質問を聞いてくれるとわかると，我慢できるようになります。教師の話は往々にして長く，子どもたちにとってはいつ終わるか，見通しが立ちません。発達障害のある子どもは見通しの立たないことが苦手です。黒板に貼りつけた 。カードに向かって教師の指がトントンと近づいていくことで「もうすぐ質問ができる」と見通しが立ちます。すると口を挟むことを我慢できるようになります。

。まで我慢させる

それは定型発達の子どもたちにとっても同じことなのです。

4　先生のポケット

　中には話題に関係ない質問も出てきます。たとえば遠足の話をしているのに「先生，次の体育は運動場やった？」という質問です。そんな時，たいてい教師は「その話は関係ないでしょ」と注意します。でも質問した子どもは納得しません。次の体育が運動場か体育館かが気になって仕方ないのです。それが解決しない限り，ずっとその質問に頭の中が支配されています。しかしそんな質問に答えていると話が脱線してしまいます。

　そこで「先生のポケット」を使うのです。黒板のスミに「かんけいのあるはなし」「かんけいのないはなし」のカードを貼っておき，子どもから「先生，次の体育は運動場やった？」と質問された時は，怒らずに「かんけいのあるはなし」「かんけいのないはなし」のカードを指さし，「どっち？」とジ

ェスチャーで聞きます。カードを使うことで教師の言葉を減らすことができます。また，授業が中断せずにすみます。

　子どもは自分の質問が，遠足に関係ない話だったことに気がつきます。広汎性発達障害のある子どもは視覚優位なので，カードの使用は特に有効です。

　「かんけいのないはなし」のカードを指さしたらそれで終わりではありません。カードの下に「先生のポケット」の枠を貼っておきます。その枠の中に「体育のこと」とメモしておきます。これはいったん「先生のポケット」に入れておいて，後で質問に答えるというルールです。黒板にメモすることで，質問した子どもは自分の思いが大切にしてもらえたと感じることができます。また，黒板のメモを目にすることで「後で自分の質問を聞いてもらえる」と安心し，口を挟みたいという衝動を押さえることができます。

先生のポケット

　そして大切なことは，たとえ3分でも時間を取って質問に答えることです。この約束を守らなければ，子どもたちからの信用をなくし，次回の関係ない質問を減らすことはできません。個人的な質問なら，休み時間に聞いてもいいでしょう。休み時間なら，ゆっくり話を聞くことができます。

　本当に「先生のポケット」を使うこともあります。教師の衣服のポケット

です。たとえば，子どもたちが休み時間や給食の準備中に話しかけてくることがあります。トラブルを起こし，双方からゆっくり話を聞く必要があることもあります。しかしそんな時に限って教師は忙しいのです。たいてい「あとで」と言って子どもの話をさえぎることが多いのですが，その時に「先生のポケット」を使います。常にズボンのポケットにメモ用紙を入れておき，ゆっくり話を聞けない時は，さっとメモをして，それを子どもに見せてからポケットに入れるのです。ポケットに入れながら，「後で必ず話を聞くからね」と言います。それだけでも子どもたちは自分の思いが大切にされていると感じることができます。

　トラブルの場合は，時間をおくことで子どもたちが冷静になり，すんなり解決につながることもあります。

　ADHDタイプの衝動性を抑圧したり怒るのではなく，カードでわかりやすく示す教師の工夫がどの子どもにも有効です。

コラム 子どもの学力をさらにアップさせる「学習スタイル」とは

　学習スタイルには，主に「視覚型」「聴覚型」「体得型」の３つがあります。

　たとえば特別支援について学ぶ時，あなたはどう学びますか？

　情報を本で読む「視覚型」，講演会で講師の話を聞く「聴覚型」，そして子どもに接して試行錯誤の中から学ぶ「体得型」。学習スタイルを自在に変え，その時に一番効率が高い組み合わせで学習できると効果的です。

　実は，優位な学習スタイルは無意識のうちに教授スタイルに移行しやすいのです。たとえば，教師が視覚型の場合，板書・ドリル中心の授業になりがちで，聴覚型の場合，口答指示が増え，体得型の場合，視覚的，聴覚的な指示が具体的でなく，まずやってみて……となる傾向があります。ですから，ご自分の教授スタイルを分析していただくことは大切だと考えます。

　自閉（傾向）のある子どもが視覚偏重であることはよく知られていますが，他にもLDやADHDの特性との関係で視覚・聴覚・体得型と偏重していることが多いです。

　教室には６％程度，発達障害の疑いのある子どもが在籍しているといわれています。先生方には色々な学習スタイルの子の理解力が増し，学力アップにつながるように，目にも耳にも訴える取り組みを是非実践していただきたいと思います。

17 毎日書く連絡帳を字の指導に使えば，一石二鳥

Q 漢字や作文などを書けない子がクラスに数人いて……
個別指導を行う工夫はありませんか？

A 文字の指導には，連絡帳を利用します。毎日書く連絡帳は，格好の教材です。

ポイント

毎日わずかな時間ですが，連絡帳を活用することで国語の力がつきます。まさしく「塵も積もれば山となる」です。

コツ

「連絡帳を書く時間がもったいない」と考えるのではなく「どうせ毎日書くのなら，書字や作文指導に利用しよう」と考え方を変えます。また他のノートはともかく，連絡帳を見る保護者は多いものです。そのためには，あらかじめ連絡帳に何をどう書かせるか方針を立て，なるべく午前中に書かせてチェックする時間を捻出します。

◆　　◆　　◆

毎日使う連絡帳を，国語の指導に活用しない手はありません。お迎えの時に担任と顔を合わせる機会がある保育所や幼稚園とは異なり，小学校では，連絡帳が保護者と学校を結ぶ唯一の架け橋です。忙しい保護者は国語や算数のノートを見ることがなくても，連絡帳には目を通すでしょう。連絡帳の活用は非常に重要です。

1　連絡帳の表紙にシールを貼る

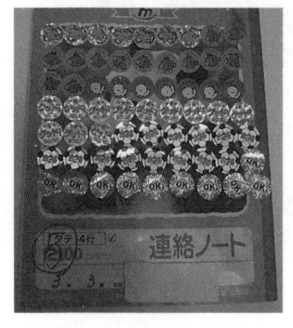

連絡帳は，毎日一定の時間を取って必ず書かせます。どうせ毎日書くのなら，丁寧に字を書く練習として利用します。終わりの会にばたばたと書かせるのはおすすめできません。午前中に書かせ，毎日チェックします。その際，マルをつけますが，字が丁寧に書けていれば花マルにします。花マルをつけた子どもの連絡帳の表紙には，シールも貼ります。

連絡帳の表紙にシール

子どもが飽きないように月ごとに花マルのつけ方も，シールも変えます。

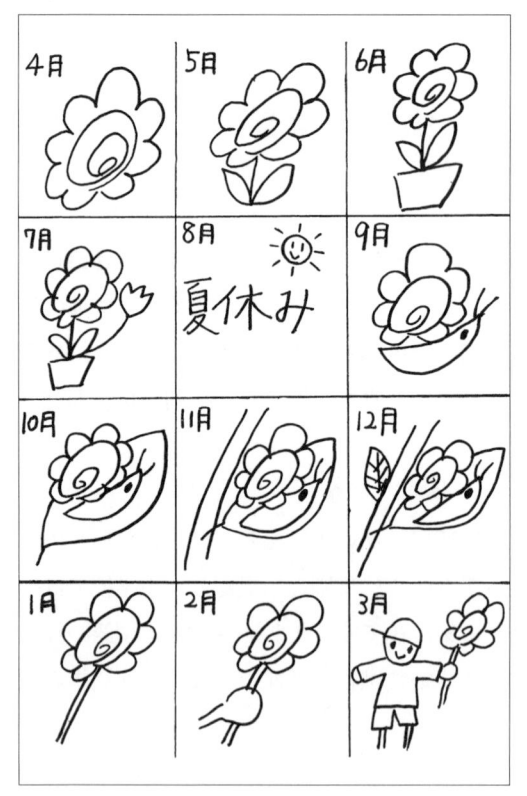

筆者は左のイラストのように，1学期4月は花マル　→5月…葉っぱつき　→6月…植木鉢つき　→7月…つぼみつきにしていました。

2学期9月はでんでん虫→10月…葉っぱつき→　11月…木の幹つき→　12月…新しい葉っぱつきにしました。

3学期1月は花マルのペロペロキャンディー　→2月…腕つき　→3月…体つき（男の子／女の子）にしていました。

←月ごとの花マル

忙しいので複雑な絵は描けません。なるべく早く描ける花マルを月ごとに進化させていきました。こんなささやかなことでも，子どもたちの「丁寧な字を書こう」というモチベーションは持続しました。少しずつ花マルの絵や，月ごとのシールの種類を変えていくのが，意欲を持続させていくコツです。連絡帳の表紙には，ずらっとシールが並び色鮮やかで，子どもたちは宝物のように連絡帳を大切にしていました。中には新しい連絡帳に，古い連絡帳の表紙を貼りつけている子どももいました。毎学期の初めには，初心にかえる気持ちで「お手本」となる丁寧な字で書くように言い，毎学期の最後も「終わり良ければすべて良し」と丁寧な字で書くように言葉をかけ，少し豪華なシールを貼っていました。

2　ひとこと日記

　連絡帳に「ひとこと日記」を書いて，短い文章を書く練習にします。

　筆者の子どもが小学生だった頃，連絡帳に「今日は運動会の練習をしました。暑くてお茶をいっぱい飲みました」と短い日記が書いてあり，読むのが楽しみだった思い出があります。親としては学校で何があったのか聞きたいのですが，あまりしつこく聞くと子どもがいやがります。ですから，連絡帳の日記は親子の会話がはずむきっかけになりました。

　私もそれを真似て，週に何回か「ひとこと日記」を書かせていました。連絡帳の最終行に，㊂と書きます。何を書けば良いかわからない子どものために，最初の1行は教師が書きます。たとえば「今日はプールに入りました」と黒板に書き，この続きを書くように指示します。1行でもかまいません。すると「（今日はプールに入りました）水が冷たかったです」「（今日はプールに入りました）ばた足で25メートル泳げてうれしかったです」などと子どもが続きを書くのです。これを保護者が読むだけで，学校の様子が目に浮かび会話がはずみます。時間のある時は，教師もひとこと書いて返します。「冷たかったね」「よかったね」とたったひとこと返すだけでも，子どもたち

は喜びます。2学期，3学期になると全文を自分で書けるようになります。
　いきなり長い文章を書くことは難しくても，短い文章を書くことを積み重ねることによって，作文力を身につけます。それも，当日起こったエピソードをリアルタイムで文章に書く，そのために毎日使う連絡帳を利用するのです。

3　漢字に直す

　連絡帳を漢字の練習に使います。改まって「漢字テスト」をするのではなく，普段使う連絡帳を漢字テストに変身させるのです。
　連絡帳に使う漢字をわざとひらがなで書き，「みんなは漢字で書いてね」と言って視写させます。「こくご→国語」「りか→理科」や，「みずぎ→水着」のようにいくつかを漢字テストにします。新出漢字を宿題にすることも多いので「今日ならった新出漢字は『つばさ』『もん』→『翼』『門』」と書くと，習った漢字の復習になります。そして「漢字を黒板に書いてくれる人〜」と呼びかけると，子どもたちは喜んで手をあげます。指名された子どもは前に出て，黒板のひらがなの横に漢字を書きます。書けたら思いきりほめます。

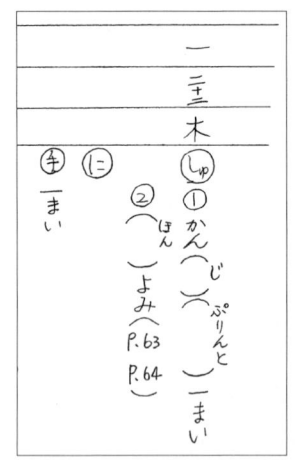

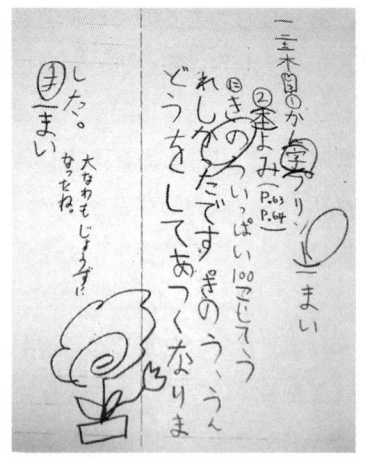

連絡帳を漢字の練習に使う　左図（板書），右写真（子どものノート）

黒板に書いた子どもも,いい気分です。低学年なら,ひらがなをカタカナにするのも良いでしょう。連絡帳を集めてチェックするついでに漢字にもマルをつけておきます。

　連絡帳に使う漢字は,子どもたちが使う頻度の高い漢字です。テスト形式にするだけで,定着が早くなります。頻度の高い漢字を覚えることは,子どもの生活のクオリティを高めます。

4　間違い探し

　子どもが大好きなことに,教師の失敗談があります。黒板に連絡帳へ写す文章を書く時,わざと一文字間違えて書いてみます。たとえば「しゅうじ」を「しょうじ」,「体育」を「休育」とわざと間違えて書くのです。"てにをは"の間違いでもかまいません。「今日は1文字間違えています。見つけた人は連絡帳に赤丸をつけ,正しく書き直しなさい」と言います。すると,子どもたちは必死で探し,「見つかった！」とうれしそうに報告してくれます。

　日によって,2文字や3文字に増やしたり,同音異義語の間違いにしてバリエーションをつけます。間違いを探すために注意深く文字を追うことは,注意集中力を養います。そして連絡帳を集めてチェックする時に,間違い探しで書き直した字にも丸をつけておきます。

　終わりの会の時間に連絡帳を書かせると,教師がチェックする時間が取れず,書くのが遅い子どもをつい注意してしまったりします。ですから,筆者は午前中に連絡帳を書かせ,昼休みに教師がチェックするようにしていました。

　毎日書く連絡帳を,文字や漢字の練習に利用しなければもったいないと考えています。また連絡帳が保護者と担任をつなぐ架け橋だと考えれば,ひとこと日記は有意義です。「塵も積もれば山となる」のことわざのように,毎日少しずつ積み上げることが子どもたちの力になります。

18 ルールの定着は ソーシャルスキルカードをクイズ形式で

Q ボールの取り合いなどささいなことでトラブルになり……

A トラブルを解決するルールを明文化し，見通しをもたせます。

ポイント

　冷静な時なら，ソーシャルスキルカードに不適切な態度（グーでなぐる，など）を書くと，ふさわしくない態度であることが理解できます。落ち着いている時にクラスのルールとして定着させます。その際，視覚的に示してそれを掲示しておくと，いつでも振り返ることができます。

コツ

　標語にして唱えておくと，興奮してトラブルを起こしている時でも，教師や友だちの「ボールの取り合いは？」（じゃんけんで決める）という声かけで，ふとわれに返ることもあります。

◆　◆　◆

　集団生活には必ず決まりがあります。しかし，暗黙の了解では，広汎性発達障害のある子どもには理解が難しく，みんながわかっているのに本人はわ

からずトラブルを起こしてしまったり，「わがままなやつ」というレッテルを貼られたりします。クラスに合わせたルールをきちんと明文化し，クラス全員で共有することが大切です。それをねらいとして取り組んだのが「ソーシャルスキルカード」です。市販のカードもありますが，クラスの実態に即して，クラス独自のルールをまとめることをおすすめします。

　たとえば「昼休みの後はボールの片づけをする」というあいまいなルールではなく「昼休みに運動場へボールを持って行った人が，教室までボールを持って帰る」という具体的なルールにして明文化するのです。

　まず，道徳の時間にグループに分かれ（4～6人），クラスでよく起こるトラブルについて話し合います。たとえば「ボールの取り合いになった時」「給食で人気のおかずが余った時」「掃除が早く終わった時」「忘れた文房具を貸してほしい時」といったテーマです。グループごとにテーマを割り振り，そのテーマに沿った解決方法を探すのです。

　そして，それをクイズにします。たとえば「ドッジボールの外野でボールの取り合いになった時どうしますか」というクイズなら，答えを4つ用意して，その中には一番よく起こるトラブルパターンや望ましい解決方法を盛り込みます。筆者のクラスなら一番よく起こるトラブルが「ボールを強くひっぱる」で，たいていどちらかが泣いていました。望ましい解決方法は「じゃんけんで決める」です。他にも「誰がボールを取っても，投げる人は順番で決めておく」「投げる回数の少ない人に渡す」なども考えられます。また「グーでなぐる」など，あきれるような，でも起こりがちなトラブルもわざと入れておきます。

　クイズができたら，画用紙の表にクイズの問題と，トラブルの絵を添えます。紙芝居風に，裏にはその答えを4つ書きます。そして朝の会を使って1グループずつ，クイズの発表をします。「ボールの取り合い」というトラブルの解決方法はいくつかあるでしょうが，このクラスでは「じゃんけんで決

ソーシャルスキルカードのクイズ

める」というルールであると確認するのです。みんなでクイズをしながらルールを決めるということは、1人ひとりが決定を了解したということです。1日につき1つのクイズなら、さほど時間は取りません。

　すべてのグループの発表が終わったら、2巡目です。「じゃんけんで決める」という方法がうまくいかなかったら、2巡目の時に、話し合いでルールを変更します。何巡目かすると、次第にルールは定着してきます。

　ルールが共有化でき定着してきたところで、クイズを書いた画用紙を後ろに掲示します。掲示するのは視覚支援をするためで、トラブルが起こった時に振り返らせる効果があります。客観的にはわかるルールでも、いざ自分の身に起こると感情をコントロールしにくいのが発達障害のある子どもです。トラブルが起こった時に、いくら正しい対処方法を教えても、感情を高ぶらせている子どもは、聞く耳をもちません。あらかじめ正しい行動をクラスのルールとして認識させておくことが、「見通し」につながります。それはクラスのどの子どもにも通じることです。

　実際に「ボールの取り合い」というトラブルが起こった時に、教師や周りの友だちが「ボールを取り合いした時のルールは？」と聞くだけで、ハッとお互いの顔を見合せてじゃんけんを始めたというケースがありました。反対に「ボールの取り合い」で手が出た時は、後でルールを書いた画用紙を見せ「グーでなぐるは、正しい答えかな？」と言うだけで、反省していました。

広汎性発達障害のある子どもは正義感が強く，きちんとしたルールが決まると，守ろうとします。その時にソーシャルスキルカードのような視覚支援があり，前もってルールについて確認しておくと，なお効果的です。
　朝の会で「ボールの取り合いは，じゃんけんで決める」と標語にして言うのも良いアイデアです。1学期が始まりいろんなトラブルが起こり始めた時に，ソーシャルスキルカードをつくります。定着したら，いったん中止し，また2学期の初めにルールの確認や新しいトラブルの解決方法を考えるために，改めてソーシャルスキルカードをつくります。トラブルが増え始めた時に，取り組むのが効果的です。
　具体的なルールをクラス全員で共通理解することは，どの子も安心して過ごせる秩序のあるクラスづくりに重要な取り組みです。

コラム　Teachable moument （教え時）

　ソーシャルスキルは授業などで学習してもそれを実際に自然に使えないと意味はありません。ですから，日常生活でトラブルが起こった時こそが，最もソーシャルスキルの「学び時・教え時」と言えます。
　ここでの取り組みでは，朝の会にソーシャルスキルを学ぶのに加えて，トラブルが起こった，まさにその時に教師や周りの友だちが「ボールの取り合いをした時のルールは？」と声をかけ，今学んだソーシャルスキルを使うのだ！　と声をかけています。これが，スキルの定着に重要です。
　Teachable moument （教え時）という概念は，アメリカの教育では，大変重視されています。日常生活の中で，授業時間外に「教え時」があるのです。また生徒が自発的に質問した時は，主体的に学びたいと思っている時なので，これも大事な「教え時」です。「教え時の発見と適切な介入」が学習意欲や定着にかかわってきます。

19 いじめ防止のアイデア
クラス認定あだな・ともだちじまん

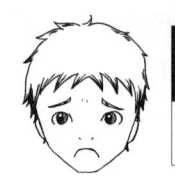

Q ある特定の子どもがいじめられていると耳にしました。いじめを減らすクラスづくりについて教えて下さい。

A いじめのないクラスづくりは教師の仕事です。特に発達障害のある子どもは，その場の雰囲気を読めなかったり，自分勝手な行動を取っているように見えるのでいじめられやすいです。

　そのためには，下記のことを徹底します。
① 　いじめは許さないと教師が宣言する
② 　いじめる方が悪いと言い切る（いじめる側の言い訳は許さない）
③ 　クラスのルールをつくり，教師はどの子どもも公平に扱う（教師がえこひいきすると，子どもたちに階級ができ，弱肉強食のシステムがつくられる）
④ 　子ども同士がお互いを裁かない（トラブルを解決するのは教師の仕事）

　いじめを許さないクラスのルールとして，クラス認定あだな・ともだちじまんも効果的です。

◆　　◆　　◆

1　クラス認定あだな

　子どもは時として友だちに平気で残酷なあだなをつけます。「あだな」は「愛称」とは違います。愛称は親愛を込めた微笑ましいものですが，あだなの中には人の心を傷つけるものも少なくありません。いじめは，人を馬鹿にしたようなあだな（ブタ・ちび・バイキンなど）から始まることも多いです。

　筆者のクラスであだなについてアンケートを取ったことがあります。

あだなについてのアンケート

```
「今まで自分で自分のあだなをつけた人」………………１人
「友だち（他人）からあだなをつけられた人」…………２１人
「友だちからつけられたあだなが気に入った人」………６人
「自分の気に入らないあだなだった人」…………………１５人
```

　友だち（他人）からあだなをつけられた子どもの多くが，そのあだなが気に入らないと答えていました。そこで，今まであだなをつけられたことでどんないやな気持ちになったことがあるかも聞いてみました。すると，今までのウップンを晴らすかのように，口ぐちにしゃべり始めました。それぞれ悲しい思いをしていたようです。しかし友だちの前でウップンを晴らせる子どもはまだましです。人に言えないほど傷ついている子どももたくさんいるのではないでしょうか。

　あだなで呼ばれて「やめろよ」と怒ることができる子どもは，自分の怒りを表現できる子どもで，ただ笑っているだけの子どももいます。なぜ笑っているのでしょう。それは傷ついていないのではなく，「やめろよ」と言うと余計みじめになるから，気にしていないフリをしているのです。もうこれ以上みじめな思いはしたくないと心で泣いているのです。心は傷ついてボロボロです。しかしみじめなことは，親にも担任にもなかなか言えないものです。また，人のいやがるあだなを平気で言う子は友だちの気持ちに鈍感で，「こいつは笑っているから平気なんや」と思ってまたしつこく言うのです。相手が笑っているからといって相手が傷ついていないと思うのは思慮が足りません。馬鹿にしたようなあだなを言われ続けていると，その子どもをクラスの中で軽んじられる存在にしてしまいます。"あの子はあんなあだなを言われるような子だ" "あの子には何を言ってもいいんだ" と見下され，それがクラス全体に広まりストレスのはけ口にされてしまいます。

そうならないために，自分のあだなは「クラス認定あだな」として自分で決めます。なぜ自分であだなを決めるのかを説明してから「１週間考えて，自分のあだなを決めましょう。もちろんあだなはなしでもいいです。その場合は名前で呼んでもらいましょう」と宿題を出します。

１週間後にお互いのあだなを発表し合います。そして「今日からは自分で考えたあだなか，名前で呼びましょう。それ以外は禁止です」と宣言し，新しいあだなを学級通信に載せたり，掲示したりしてクラス全員に伝えます。

自分で決めた後で，やはり気に入らないから変更したいという子どももいるので，筆者は変更を２回までは認めることにしています。あまり頻繁に変えると覚えられないので２回ぐらいが適当ではないでしょうか。

新しいあだなが決まると，初めは恥ずかしそうに呼び合っていますが，しばらくするとなじんできて，クラスの雰囲気があたたかくなってきます。自分で決めたあだなですから，もめることもありません。教師があだなで呼ぶとうれしそうです。教師が特定の子どもだけをあだなで呼ぶと，他の子どもからはえこひいきしているように見えます。どの子どもにも公平に接するためにも，全員に対して自分自身で決めさせたあだなを呼びます。教師の場合は休み時間はあだなで呼び，授業中はフォーマルな場なので名前で呼びます。

2　ともだちじまん

私たちがつい他人の悪いところが目につくように，子どもたちも友だちの悪いところは言いつけにきますが，良いところはめったに報告にきません。友だちの良いところを報告にきた子どもは輝いて見えます。

欠点は長所の裏返しです。たとえば，落ち着きがない→活発，作業が遅い→仕事が丁寧，優柔不断→やさしい，など視点を変えれば欠点も長所に変わります。子どもたちには，なるべく友だちのいいところをたくさん見つけてほしいものです。

そのための手立てをいくつか紹介します。

(1) 日直のともだちじまん

　毎日，2人日直を決めています。日直には，朝の会や終わりの会の司会，挨拶，鍵しめなどいろいろな仕事がありますが，一番大切な仕事は終わり会での「ともだちじまん」です。日直は，その日1日の友だちの様子をよく観察して，終わりの会で発表するのです。たとえば，友だちに親切にしていた子，汚れているところをそっと拭いていた子，友だちにやさしい言葉をかけていた子など，その日がんばっていた友だちのいいところを発表します。「私がおかずをこぼした時に，Aさんが雑巾を持ってきてくれました」「泣いている友だちをB君がなぐさめていました」など日直が発表すると，言われた子どもの顔は輝きます。

(2) ともだちじまんカード

　手のひらに収まるぐらいのカードを用意します。誰でも手に取れる場所に置いておき，友だちのいいところを見つけたらカードに書いて，「ともだちじまんポスト」に入れます。もちろん自分の名前も書きます。それを，終わりの会で係が配ります。配られた「ともだちじまんカード」を照れながら，でも宝物のように見て，子どもは笑顔で家に帰ります。

　留意点は，配る前に，必ず教師が「ともだちじまんカード」をチェックすることです。中にはふざけた内容や，傷つける文言が書いてある可能性があるからです。見つけたら，書いた子どもを近くに呼び「このカードをもらってうれしいですか」と書き直しさせます。もし素直に従わない時は「このカードを連絡帳に貼って帰りますか」とさらに詰めよると，たいていは書き直しています。

(3) 誕生日カード

　「ともだちじまんカード」を誕生日のプレゼントにします。誕生日の子どもの名前を書いた画用紙を，後ろの黒板に掲示します。朝の会で全員に「ともだちじまんカード」を配ります。そして誕生日の子どものいいところを「ともだちじまんカード」に書いて，その画用紙に貼りつけていきます。そばに名簿を置いて貼りつけた子どもがチェックするようにすると，誰が出していないか一目瞭然です。昼休みになってまだの子には「ともだちじまんカードを書いてね」とさりげなく声をかけるようにします。そして，終わりの会で，誕生日の子どもにプレゼントします。その時にいくつかカードを紹介しながら「こんないいところを見つけたんだね」とほめると，誕生日の子どもだけでなく書いた子どもも笑顔になります。

　最初は教師主導で企画しますが，途中からは，係の仕事としてまかせるのもいいでしょう。

(4) 学級通信のともだちじまん

　学級通信に，順番に子ども1人ひとりの「ともだちじまん」を載せるのも，子どもたちの自信につながります。

　年度当初に自分自身の似顔絵を子どもに描かせて，預かっておきます。名前順に，その子どもについてのいいところを無記名でアンケートを取ります。アンケートを取る前に「先生よりみんなの方が友だちのいいところをよく知っているでしょう。友だちのいいところを教えてね」と話し，アンケートを取った後にいくつか紹介します。中には，教師が知らないような細かな友だちの長所をよく見ていることがあり驚きます。たとえば「誰も知らない虫の名前を知っていて，博士みたいに教えてくれる」「正直者で絶対ごまかさずに，『まだしていません』と言う」「絵がうまくて本物みたいに上手に描く」「友だちが休んだ時，何枚も手紙を書いてあげていた」『あんなこと気にすんな』と僕を励ましてくれた」「トイレ掃除じゃない時でも，トイレのゴミ箱のゴミを捨てに行ってくれる」「普段はおしとやかなのに，ドッジボールの

時は男子をバンバンあてる」など，思わぬ意見も出てきます。

そして学級通信にアンケートをまとめた文を箇条書きにして，似顔絵を添えて載せます。保護者が学級通信を読んで，我が子の意外な一面を知ることができますし，学級通信なら後で読み返すこともできます。保護者にも大好評でした。数年後，卒業生から「学級通信を読み返したら，うれしくて涙が出た」というメールが届いたことがありました。

○○○○さん
・みんなにやさしくて友達が多い。
・学級代表に選ばれるくらい信頼されている。
・運動神経がバツグンで，男子のドッチのボールも受けれる。
・絵が上手でよくはとぶえにのっている。
・字がお手本みたいに上手で、きれい。
・かみのもがさらさらで、すごくかわいい。
・いがいが言葉をまったく言わない。

○○○○くん
・何でもよく知ってるもの知り博士みたい。虫が好き。
・算数の計算が得意で、すごく早くできる。
・1年の時より、ずっと姿勢よくすわっている。
・絵を書いて、できたら、説明してくれる。
・時々、おもしろいことを言って笑わせる。
・本が好き。

学級通信に掲載した「ともだちじまん」

長所をほめられていやな気持ちになる子どもはいないでしょう。自分で気がつかなかった長所を友だちに見つけてもらうと，今度はさらにその長所を伸ばそうと努力するものです。お互いの長所を認め合うクラスは，いじめのない居心地の良いクラスです。発達障害のある子どものように，叱られることが多く自信をなくしがちな子どもにとって，長所を認め合う居心地のよいクラスは，最大の支援です。

コラム　嫌いなことは人によって違う！

　「自分がされてうれしかったことを人にしてあげましょうね」「自分がされていやなことは人にしてはいけません」と子どもに言い聞かせることがありませんか？　実は「**嫌いなことは人によって違う！**」という基本的なことを子どもにしっかり伝えることが大切です。

　「クラス認定あだな」は，子ども自身が自分のあだなを決める取り組みでした。クラスでアンケートを取ったところ，ほとんどの子どもが友だちからあだなをつけられたけれども，そのあだなを気に入っていなかったと言います。

　友だちは自分がそのあだなで呼ばれてもいやな気がしないため，目の前でニコニコしている（たいていの場合つくり笑顔だが……）友だちも「いやだと思っていない」と思うかもしれません。「言われていやな言葉は人によって違う」ことを認識し合うことが，「いじめの芽」を摘む最初のステップです。

　スラリと背の高いことを誇りに思う女の子もいれば，それをいやだと感じる子もいます。いやなことこそ口に出して言いづらいもので，相手が笑みを浮かべているからといって，悪気がなく，あこがれから「背が高いのね」と言い続けたとしても……言われた子は「いじめ」と捉えるかもしれません。

　顔の表情など言葉以外のメッセージを理解しにくい子は特にその傾向が強くなります。「私は〇〇といわれて（〇〇されて）いやな気持ちがする」と言語化し合えるクラスの雰囲気はあったかクラスづくりに欠かせない要素でしょう。

20 教師がしかける「将棋・囲碁・オセロ・トランプ」大会

Q 休み時間に1人ぼっちですごしている子どもがいます。運動場へも遊びに行きません。そのせいか，最近登校をしぶっているようで心配です。

A 将棋や囲碁・オセロなどが，遊びのレパートリーに加わると，外で遊ぶのが苦手な子どもも友だちと遊べるようになります。

ポイント
最初は教師が誘って，一緒に遊びます。子ども同士で遊べるようになれば，徐々に子どもたちにまかせるようにします。

コツ
勝ち抜きトーナメント戦や将棋大会などを企画すると盛り上がります。

◆　◆　◆

　筆者の勤務校では，休み時間にトランプで遊ぶことが許されていて，子どもの楽しみの1つになっていました。しばらくすると「先生，将棋も持ってきていい？」と，将棋も加わりました。これらのボードゲームは思わぬ効果を生み出しました。

　1つは，友だちがいなかった子どもに，友だちができたこと！　これはすごい効果でした。クラス替えをした当初の家庭訪問で必ず話題にのぼるのは「同じクラスに，うちの子と仲よしの友だちがいないので心配です」という訴えです。中には「先生，うちの子に友だちをつくってやってください」と言われる保護者もいます。おとなしくて無口な子どもにとっては，自ら友だちにしゃべりかけたり，誘ったりすることは至難の技です。ところが，おし

ゃべりが苦手な子どもも，将棋や囲碁・オセロ・トランプならだまったまま遊べます。だまったままでも，う〜んと唸ったり，ふっとため息をつく空気を共有しているうちに，少しずつ友情が芽生え，終わった時はお互い自然と笑顔がこぼれるのです。広汎性発達障害のある子どもには，将棋や囲碁が得意な子が多いように思います。粗大運動に苦手さをもち，運動場で走り回るスポーツで負けることが多くても，将棋では優位に立て，友だちからも一目置かれるようになります。

　もう1つは，じっくり集中する習慣がついたことです。将棋に勝つためには，じっくりと集中して考える力，先を読む力が必要です。ADHDタイプの子どもは落ち着きがなく，じっくり考えることが苦手です。教室でプロレスごっこをしたり，走り回って怪我をしたり……。しかし，将棋を取り入れてからは，じっくり腰をすえて静かに遊べるようになりました。教室でのトラブルや怪我がぐんと減りました。そしてそのためか，じっくり集中して考える態度や，先を見通す力が身につきました。

　ある脳科学研究では，対面式のゲーム，つまり将棋・囲碁・オセロゲームをしている時の脳は前頭前野を中心に活発な動きをしているそうです。前頭前野は自己コントロールや，感情の制御を行っているところです。囲碁や将棋を行うことは，自己コントロール能力を育てる効果もあるのではないでしょうか。他にも，お家でお父さんやおじいさんと，将棋の対局をする子どもが増え，家族の会話が増えたといううれしい報告もありました。

1　トーナメント戦で盛り上げる

　さて，そんなボードゲームですが，将棋のリーグ戦やトーナメント戦をするとさらに盛り上がります。5人ぐらい3チームに分け，総あたり戦をするのです。そしてその後，トーナメント戦をします。トーナメント表を後ろの黒板に貼ると，勝っても負けてもワイワイ楽しそうに見ています。「今日帰ったら，お父さんにしごいてもらおう」と言っている子どもや，将棋のテレ

ビを見たり，将棋の新聞記事や本を読む子どもも出てきました。女子はあまり将棋の経験がなく初めは遠巻きに眺めている子が多かったのですが，しだいに加わることが増え，男女仲良く遊ぶ微笑ましい姿も見られるようになりました。将棋だけでなく，オセロや囲碁のトーナメント戦もおもしろいです。

2 配慮すること

　定型発達の子どもたちは休み時間に友だちをつくります。しかし対人関係が苦手な広汎性発達障害のある子どもや，衝動性からルールを守れずうまく遊べないADHDのある子どもは，休み時間にトラブルを起こしてしまいます。それでは，せっかくの休み時間がだいなしです。

　休み時間の将棋・囲碁などのボードゲームも，ソーシャルスキルトレーニングの機会と捉えて，教師が次のような配慮をします。

　1つは，最初は教師が一緒に遊ぶこと。おとなしくて友だちのいない2人をトランプや「腕相撲大会」「あっちむいてホイ大会」に誘う時も，まず初めは，筆者が一緒に腕相撲やあっちむいてホイをしました。何回か一緒に遊ぶと少しずつ慣れてきて，子どもたちだけで遊べるようになります。お見合い成功です。筆者は将棋ができませんが，知ってる子どもをおだてて横で盛り上げるだけで，将棋人口が増えてきます。

　もう1つは「負けることがある」という見通しと「負けても怒らない」というルールを，前もって知らせておくことです。最初は教師がわざと負ける対局を設定し，「すごいやん！」とほめて自信をつけさせてから，1勝1敗にします。少しずつ，負荷をかけて「負けても怒らない」「勝つ時も負ける時もある」という事実を受け入れられるように配慮します。

　ほとんどの子どもが休み時間に友だちと遊ぶのを楽しみに，登校してきます。しかし広汎性発達障害のある子どもは，何をしていいのかわからない休み時間が，かえって苦手だったりします。図書室で静かに過ごしたり，散歩をしたりするのもいいでしょうが，いつも同じなら飽きてしまいます。それ

が疎外感につながり，やがて登校しぶりにつながる怖れもあります。

　それを防ぐために，教師が休み時間をプロデュースする必要があります。子どもたちにまかせておくだけでは，発達障害のある子どもが，はじかれてしまいます。ずっと教師が休み時間につきそうわけではありません。最初の支援が肝心で，少しずつ子どもたちだけで遊べるように，手を離していきます。子どもの特性に合わせて，さりげなく配慮するさじかげんが，教師の腕の見せどころなのです。

コラム　ゲームで社会性を育む―「負ける練習」こそ重要―

　カードゲーム・ボードゲームをうまく活用すると楽しく，より自然に子どもの社会性を伸ばすことができます。発達障害のある子どもの中には，思い通りにならないとパニックになる子がいます。ゲームでは，いわゆる「一番病」で，「負けるのがイヤ」「一番でないとイヤ」となる子もいるでしょう。

　しかし，長い人生，常にすべてのことで一番を取り続けることは不可能ですし，思い通りになることばかりではありません。失敗してくやしい思いをし，気持ちを切り替えてまたチャレンジしていくことが大切です。成功体験も確かに重要ですが，「失敗体験」つまり，「負ける練習」さらには「負けてもすぐに立ち直り再度トライする練習」こそ重要なのです。

　カードゲーム・ボードゲームでは，ＰＣやテレビなど機械相手では体験できない，生身の人間関係を通じてさまざまな感情を体験できます。将棋・囲碁・オセロ・トランプといったゲームを通して，「負けてもまたがんばる」，「人とゲームすることが楽しい」といった感覚をたくさん体験して，思いやりや共感能力，挫折にも負けない力を遊びの中でゆっくり育てていきたいものです。それはスポーツでも同じことが期待できます。

まとめにかえて〜アイビリーブ〜

　本章では，秩序のある教室をつくるための「20個の取り組み」についてご紹介しました。そのベースにあるのは「好意に満ちた語りかけ」です。
　この「好意に満ちた語りかけ」を実現するために私が大切にしていることがあります。それは，「私は〜信じてるよ」「先生は，君は〜できると思う」と「私」を主語にして話すということです。
　たとえば子どもが，食缶のおかずをこぼした時，つい「（あなたが）よそ見してるからでしょ」と怒鳴りたくなります。これは「あなた」が主語になっています。それをぐっと我慢して「先生は，あなたはおかずをこぼさずに運べる子だって思ってるよ」と「私は〜」を主語にして語りかけるのです。先生に叱られると思った子どもが，こう声をかけられたらどんなにホッとするでしょう。ただし，すべての語尾をアイビリーブに変えると，言葉数が増え教室が騒然とします。普段は言葉を減らしますが，こちらが大声で怒鳴りたくなった時に意識的に使います。先生に叱られるよりも，「先生は信じているよ」と励まされる方が，子どもたちも「今度は失敗しないようにしよう」と思うでしょう。これこそ「好意に満ちた語りかけ」です。
　子どもたちにもすすめます。たとえば友だちに「はやく宿題を出せよ！」と言うところを「（ぼくは）早く宿題を出す方がいいと思うよ」と言うのです。語尾を「〜思うよ」「〜信じているよ」に変えると，大声で怒鳴ることができなくなり，やわらかくなります。
　私は「北風と太陽」の話が大好きです。相手の心を変えるのは力づくではなく，あたたかさであるというお話です。私はそんなあたたかく思いやりのある教師になりたいと思っています。本章の「20個の取り組み」を通して先生方にもそんなあたたかさを実感していただけたら，幸いです。

第3章　あったかクラスで育んだ子どもたち

1 先生としての私を育ててくれた子どもたちとの出会い

1　先生になった理由

　私は，2008年3月で34年間の教師生活を終えました。34年間の約半分は通常の学級担任として，後の半分は支援学級の担任と通級指導教室担当として過ごしました。しかし，通常の学級の担任をしている時も，クラスには必ずといってよいほど交流学級として支援学級在籍の子どもがいました。

　「障がい」を有する子も定型発達の子も同じ場にいることだけを目指すのではなく，同じ場でそれぞれの学びを獲得しながら，共に生きていくということはどんな営みなのか，それを実践していくことが私にとっての役目だと思いながら先生になり，過ごしてきたように思います。

　この思いをもち続ける契機となったのは，大学時代のボランティア活動でのMさんとの出会いでした。Mさんは2年前，44歳で舌がんで亡くなりましたが，お母さんとはずっと交流があり，今回Mさんとの出会いをぜひ書きたいという私の申し出を快く引き受けてくださいました。

2　Mさんとの出会い

　私がMさんと初めて出会った大学1年の時，Mさんは9歳でした。その当時は「就学猶予・免除」という制度の下，重度の「障がい」をもった子どもたちには学校教育を受ける権利が保障されていませんでした。その子どもたちが，週に1回土曜日，午後に通園施設へ通ってきて，学生ボランティアによる集団保育を受けていたのです。Mさんもバギーに乗ってやってきていました。歩行もまだおぼつかず，言葉もほとんどないMさんでしたが，週1回

の唯一ある集団の場をとても楽しみにしていました。音楽が大好きで、当時はやっていたピンポンパン体操では「きゃっきゃっ」と声をたて、満面の笑顔で動いていました。

　大学の授業がない時には家に閉じこもりがちなMさんを連れて近くの公園にも出かけました。公園に行くと、遊んでいる他の子どもたちの動きにつられて、おぼつかない足どりで一生懸命に子どもたちの近くによっていくMさんでしたが、周囲の子どもたちは普段見かけないMさんの様子にけげんそうな顔をして遠ざかっていきました。こんなMさんの様子から「毎日、子どもたちがたくさんいる場に通うことができたら、もっとMさんの足は強くなるのでは……。もっとおしゃべりが出てくるのでは……。何より、周囲の子どもたちがMさんを避けることなく一緒に活動しようとするのでは……。」という思いを強くしました。

　2年後には、学生とお母さんたちで幼稚園を借りて新たな集団の場をつくり、集団保育を週2回にすることができました。3年後には親の働きかけによって、Mさんは毎日通園施設に通うことができるようになりました。そして、昭和54年には「就学猶予・免除制度」が廃止されて、どんな重度の「障がい」をもっていても、学校に通うことができるようになりました。

　私は、このMさんとのかかわりを通して、どんな「障がい」があっても多くの人とかかわりあって教育を受けること、生活していくことが大切であり、その実現は私自身が本人とかかわる中でつくり出されるものだと知り、教師としての自分の役割を明確にできたのだと思います。教師になってからも、「障がい」を有する子どもも定型発達の子どもも含めて、みんなが生き生きとつながりあう学級をつくっていきたいと願ってきました。そんな教師生活の中で出会ってきた子どもたちから学んだことを紹介したいと思います。特別支援教育は1人ひとりの考え方・感じ方の違いを認め、さまざまな学び合いを学級の中でつくりあげていく実践そのものだと感じています。

2　ほめることでがんばり続けたしんご君

1　しんご君との最初の出会い

　しんご君は小学3年生。どこのクラスにもよくいる元気いっぱいで，遊ぶことが大好きな男の子ですが，2年生の時は勉強が苦手で宿題忘れが多く，担任にとっては気になる子の1人でした。

　1学期の始業式，子どもたちと初めて出会う日です。出会いが素敵に始まるように教室に花を飾り，ごみひとつないよう掃除して，掲示物もなし，黒板には「3年生，おめでとう！　米田先生です。よろしくね！」と書きました。最初の出会いに，子どもたちも緊張しますが，担任も緊張するものです。

　担任発表が終わって，クラスに入った時，私はいつも「みんなちがってみんないい」（金子みすず『私と小鳥と鈴と』）を子どもたちに紹介します。「みんな顔を見てごらん。顔が1人ひとり違うように，感じ方も考え方もみんな違うんだよ。違っていて当たり前なんだよ。違う33人が集まって3年2組だよ。よろしくね！」と話します。ちょっと子どもたちの顔がほころんで，話し声が出てきます。そんな時，一番前でしっかりと私の顔を見つめて話を聞いているしんご君と目があいました。すかさず「この子はしっかり先生の顔を見て話を聞いてくれているよ。すごいね。だれかな。名前を教えてね」と言うと，恥ずかしそうに名前を教えてくれました。すると，今まで話をしていた周囲の子どもたちもいつのまにか私の顔を見ています。まるで，「僕の名前もきいてよ！」と言わんばかりに

……。また、「すごいね。みんなしっかり話が聞けるんだね」とほめました。

2　連絡帳を契機に

　始業式の日は配布物が多く、連絡だけで時間が過ぎていきます。配布物は前に貼って、視覚的にもどんな配布物が何枚あるかがわかるようにしておきます。そして、最後に枚数を確認して連絡を書きます。その際に一番大切な連絡帳の約束を伝えます。私にとって連絡帳は、子どもを通して、担任と保護者を結ぶ大切なかけはしです。連絡帳の約束は以下のとおりです。

> ①　連絡帳を丁寧な字で書いたらホームランのはんこを押します。前よりきれいになるとどんどんはんこが増えていきます。
> ②　連絡帳はお家の人と先生の大切な交換日記のようなものです。毎日朝来たら先生の机の上に置いてください。
> ③　がんばったことは連絡帳に書いてお家の人にお知らせします。先生が気づいたことだけでなく、自分でも「がんばったよ」と思うことがあれば教えてください。お家の人に伝えます。

　通常の学級担任をしていた時には、このことを大切にして、実践しました。気になることは連絡帳ではなく、電話や家庭訪問で直接話すようにして、連絡帳は子ども自身がいつまでも大切にしたいと思え、振り返ると「よかったな」と思えるノートにしたいと考えました。

　しんご君と最初に出会った始業式の日もこの3つの約束をしました。そして、一番前にいたしんご君のノートを借りて「こんな風にきれいに書いたらホームランのはんこだよ」とみんなに紹介しました。

　数週間が経って、家庭訪問が始まりました。しんご君の家を訪れた時、お母さんが次のように話してくれました。「先生、うちの子が連絡帳を書くようになりました。しかも、読める字で！　2年生の時は連絡帳を書いてこな

いこともあったし，書いてもなかなか読めなくて，忘れ物も多くて……。先生のマジックにかかったようです！」と。私は「何も特別なことをしんご君にしたわけではありません。一生懸命に書いているのでみんなと同じようにはんこを押しているだけです。一生懸命がんばっているしんご君をほめてあげてくださいね」と話して帰りました。

3　発表のルール（指サイン）

　しんご君は，学習面では決してよくできるわけではありませんでしたが，発表する時には指先までピンと伸ばして挙手しました。そして「しんご君の手のあげ方はとてもいいね」とほめると進んで意見を発表するのです。
　私のクラスでは発表の時のルールをつくっています。
　意見を言いたい時に「ハイハイ」と子どもたちはきそって声をあげて挙手しますが，その声が耳障りになってしまうことがあります。自閉症の子どもがいるクラスでは，この「ハイハイ」という声で耳をふさぐことも出てきます。しかも，その「ハイハイ」は賛成なのか，反対なのか，質問なのかがわかりません。そこで，考えたのが指サインです。次のような約束で指サインを決めました。
　友だちの意見に対して，

```
賛成の時は……………………3本指を示す。
付け足しの時は………………2本指を示す。
反対意見の時は………………1本指を示す。
質問がある時は………………グーを示す。
```

　もちろんだまってあげるのが約束です。意見を言った子どもは，みんなの指サインを見て，まず，質問の人を指名し，質問に答えます。次に付け足しの人を指名して，同じ意見の人が終わると反対意見の人を指名していくとい

うようにしていきました。1人の意見からみんなの考えが提示され意見交換が活発になるという流れができました。先生の役割は，意見が出つくしたところで，みんなの意見をまとめて「これでいいんだね」と確認することです。

「ハイハイ」と活発に意見を言っているようにみえる授業がありますが，先生が「そうですね」と答え，子どもたちの意見が単発で終わってしまうと，子どもは先生に対してだけ承認要求をしてくるようになります。1つの意見に対して子どもによって色々な考えがあることを示すことが「集中して聞く」態度を育てることにもなります。

4　しんご君がつくり出した指サイン

　最初の良い出会いでがんばり始めたしんご君は，発表の時も進んで意見を言うようになってきました。最初の頃は賛成や付け足しの合図だけでしたが，2学期頃になると「僕の意見は○○です。そのわけは……」と堂々と自分の考えも言えるようになってきました。

　ある日のことです。友だちが意見を発表した後，しんご君は4本指をあげました。友だちが「しんご君，4本指のサインなんてないよ。どういう合図なの？」と聞くとしんご君は「今の意見にぼくはものすごく賛成なんや。いっぱいいっぱい賛成（3せい）やから，よんせい（4せい）にしたんや」と話しました。すると周囲の子から「そうや。僕もすごい賛成やからよんせいにする」と言って，3本指から4本指に変える子どもたちが出てきました。しんご君はとても満足そうな顔でした。

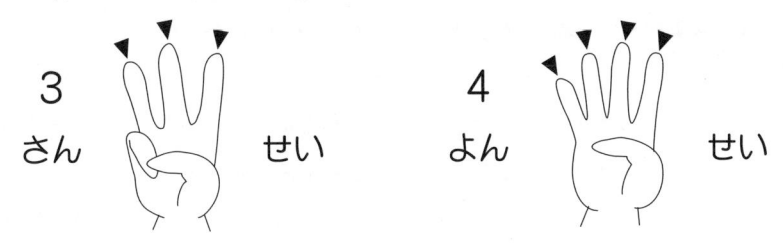

3　さんせい　　　4　よんせい

5　トラブル解決メモ

　しんご君は，友だちとのかかわりで小さなトラブルが時々ありました。腹が立つことがあると「うるさい。あほ」や「あっちへ行け」などと相手の傷つく言葉を言ってしまいます。それに相手が怒ってケンカになるのです。給食の時などは楽しいことを言って，グループの友だちを笑わせるのですが，遊びに熱中してくると上記のようなことがよく起こりました。

　私は友だち同士でトラブルが起こった時には，「トラブル解決メモ」をとるようにしています。「トラブル解決メモ」には以下の良い点があります。

①　トラブルの起こった状況を詳しく当事者同士が話す内にクールダウンができる。
②　書いていくと出来事の流れが整理でき，思い違いや勘違いを修正することができる。
③　出来事に対しての結果の思いを伝え合うことができる。
④　過ぎてしまったことであるが，もし，自分のとった行動でよくなかったなと思う行動に対して，良い行動とはどんな行動であったかメモを見ながら考えることができる。
⑤　とった行動は修正できないが，修正したいと思う気持ちを相手に伝えるためにはどうすれば良いかを考えることができる。
⑥　本人同士が自分から謝るという行為に結びつけることができる。
⑦　万一，後になってトラブルの件で保護者からの問い合わせがあっても，事実経過として示すことができる。

　⑦のためにこのメモを使ったことはほとんどありませんが，メモを書いている途中で「僕が悪かったから先生，○○君に謝るわ……」と自分から言う子どもは何人もいました。トラブルの解決は，自分のとった行動関係を客観的に整理し，つなぎあうことでできるのではないかと思います。

しんご君に対してもトラブルが起こった時はメモを書いて，どんな行動や言葉で問題が起こったのかを整理し，どう修正したいかを聞いていきました。その時に納得して謝れない時は「いつだったら，話ができるか。何分くらい待ってもらうか」を聞いてお互いに納得できれば待つようにしました。
　休憩時間に手打ち野球をしていた時のことです。ピッチャーだったしんご君が投げたボールをかず君が打って1塁に走りました。しんご君はピッチャーゴロだったボールを拾って，自分で1塁に走り込みました。でも，一瞬の差でかず君がセーフになったのです。しんご君は納得できませんでした。チーム同士で言い争いになり，しんご君はとうとうかず君に「ちびのくせに……」と言って，かず君を泣かせてしまいました。その時，チャイムがなりました。みんな教室に戻りましたが，かず君は泣いたままです。教室に戻ってきた子どもたちが「しんご君がかず君を泣かせたんだから謝れよ！」と責め立てていましたが，しんご君はだまったままでした。
　私は泣いているかず君とみんなの話を一応聞いた上で，しんご君に話を聞き，いつものようにメモをとり始めました。聞いていくと，かず君やみんなが話してくれた内容とほとんど同じです。でも，かず君がセーフとなったくだりになると，しんご君の目から涙が出始めました。そして，つまりながら「先生ごめん。僕がかず君にちびって言ったからかず君が泣いてん。僕が悪いねん」と話してくれました。私は「じゃ，どうしたらいいと思う？」と聞くと「僕が謝る」と，かず君の前に行き「さっきはごめん。負けて悔しかったから，ちびって言ってしまってん」と謝ることができました。私はかず君に「しんご君の気持ちはわかったかな。許してあげられる？」と聞くと「うん」とうなずいてくれました。しんご君には「自分でしたことや言ったことを正直に話せたね。そして，自分から謝れたね。すごいよ。誰だって失敗はあるけど，それをやり直せることがとっても偉いんだよ」と話しました。このことがあってからは，トラブルも少し減ってきたしんご君でした。

6 算数に挑戦

　学習面ではどうしても不注意が多く，ミスで点数があまり高くならないしんご君でした。特に算数では，計算ミスがあったり，図形で線がずれたりゆがんだりと雑になってしまったりして，本人も達成感がもてずにいました。1学期の算数テストではいつも60〜70点でした。理解ができないというのではなく，もう少し粘り強く考えたらできるのに……という点が多々ありましたが，しんご君のがんばりをほめる取り組みを行いました。

　当時ＴＴが導入され，担任の私はＴ２となり，個別にわかりにくい子どもの指導に回りましたので，その時には全体指導をするＴ１の先生にもしんご君の挙手のがんばりなどを伝えて，ちょっとしたことでもほめて頂くようにお願いをしておきました。

　わり算の学習に入った時でした。色々な考え方で均等に分けていく方法について，しんご君が自分の考えを発表しました。みんなの前に出て，図で分け方を書き，説明していくのです。ゆっくりでしたが，はっきりした声で自分の考えを話しました。けれど，最後にみんなに「どうですか」と聞いた時，みんなの手が一瞬あがりませんでした。説明に少し足りない部分があり，みんなは正解かどうか判断をしかねていたようでした。Ｔ１の先生が「これは〇〇の意味だね」と付け足して下さった途端，みんなから賛成の３本指が一斉にあがり，しんご君はとても自信に満ちた表情で席に戻りました。

　この発表が算数に自信をもつきっかけとなり，３学期は算数係を希望して，堂々と答え合わせをしてくれるようにまでなりました。

7　子どもにとってほめることとは……

　「ほめることは大切」とは誰しも思うことです。しかし，だめなことはだめとしっかり伝えることも大切です。では，どんな時に叱って，どんな時にほめるのがよいのでしょうか。指導者として悩むところです。

　私は子どもに対して「ほめる」こととは，子どもに安心のメッセージを送ることではないかと考えています。子どもは，信頼ある大人から「それでいいんだよ」とメッセージを受け取ることで，安心して自分のとるべき行動を選択していけるのではないでしょうか。

　叱る時にはなぜその行動がだめなのかを伝えられないと，怖さだけで行動を変えることになり，怖さがなくなるとまた同じ行動を繰り返していきます。「ほめる」とはとても良い行動をした時だけにするのではなく，絶えず「その行動でいいんだよ」と認めることで，子どもは人を信じて，新たな一歩を踏み出す勇気をもつことができるのだと思います。「自立心」とは，自分の行動に自信をもち，自分で次の世界へ踏み出していこうとする気持ちのように思えます。そうだとすると，「自立心」は知的な発達にかかわりなく，自分が認められているという安心感・自己肯定感によって育まれるのではないでしょうか。これまで多くの「障がい」を有した子どもたちと出会ってきましたが，重度の知的「障がい」をもつ子どもでも，保護者から愛情豊かに育てられ，いつも「がんばったね」と声をかけられている子は意欲的に次の一歩を踏み出そうとします。反対に，知的能力は高くても，「どうしてこれができないの」と責め立てられている子どもには，自分に自信をもてずに，「どうせできないから……」と諦め，意欲が低くなっていることが多く，残念です。

　しんご君は，ほめること＝それでいいんだよという合図を送ることで，自分に自信をもち，自分のもつ力を一生懸命出してくれたのだと思います。教師の役割とは，子ども自身がもてる力を最大限に出そうとする営みを応援することではないかと思います。

3 言語表出の苦手さを乗り越えて司会に挑戦したゆみさん

1 転校してきたゆみさん

　ゆみさんは小学4年生の4月に転校してきた少し小柄な女の子です。お父さんが病気で亡くなり，祖父の住む今のところにやってきました。4人の子どもを抱え，お母さんも初めて仕事につかなければならず，家庭的にはとても大変な状態でした。そんな中でゆみさんは夜尿が続き，不安定な状態でした。転校して来た日，クラスのみんなの前で自己紹介をする時も，小声でいかにも不安そうな様子でした。

　そんなゆみさんにやさしく声をかけたのが太田さんでした。太田さんも小柄で友だちが多い方ではありませんでした。発音も幼く，積極的に発表をしますが，伝えたいことがなかなかまとまらずに途中でやめて座ってしまうこともありました。

　不安が大きかったゆみさんにとっては，太田さんが声をかけてくれることで少し安心でき，学校に来ると太田さんと2人でいることが多くなりました。

　仲良くいつも一緒にいる2人でしたが，時々ゆみさんが困った表情を見せていました。ゆみさんには以前住んでいた地域の方言が出ることがあり，それを聞くと太田さんが「なんや，変な言い方やな」と言ってしまい，ゆみさんはどう言えばいいのかわからず困っていたようでした。

2 選択肢を提示することで，自分の気持ちを伝えたゆみさん

　ある日，太田さんの前でゆみさんが泣きべそをかいている場面に出会いました。いつものようにお話メモをとりながら2人に話を聞いていきました。

　でも，ゆみさんは下を向いたままで，なかなか話すことができません。一方，太田さんは，自分の言ったことだけでなく，ゆみさんの言ったことも話してくれました。書いたメモを提示して，「太田さんが話してくれたことは

間違いないかな？」と聞くとゆみさんもうなずきます。やはり，泣き出したのは，「変な言い方やな」と太田さんに言われたことがきっかけのようでした。でも，太田さんには，なぜゆみさんが泣いたのかがわかりません。そこで，私は「太田さんはゆみさんがなぜ泣いたのか，わからなくて困っているよ。どんな気持ちだったのか話してね」と伝えましたが，だまっています。次に太田さんに「太田さんはどうしてゆみさんが泣いてしまったかいくつかわけを考えてみてくれる？」と言って，メモの中のしたことや言ったことを見ながら，考えてもらうことにしました。

すると太田さんは「変な言い方やな」と言ったことと，「明日は遊ばれへん」と言ったことのどちらかではないか，と考えてくれました。ゆみさんに太田さんの考えていることを提示して，「どちらかな？」と聞くと「変な言い方やな」という方を指さしました。「この言葉が嫌だったんだね」と聞くと「うん」と言って，下を向いていた顔を初めてあげてくれました。

「ゆみさんが前に住んでいたところではみんなこんな言い方だったんだよ。太田さんがゆみさんの住んでいたところへ行ったら，反対に変な言い方だって言われるかもしれないね。どんな気持ちになるかな」と太田さんに話すと「いややな。そんなん言われたら私も泣くわ」と言ってくれました。

最後に太田さんがゆみさんに自分から「ごめんね」と言って仲直りをすることができました。この後，クラスのみんなにもこの話を具体的に伝えると，他の子からは「そうやで，おじいちゃんの田舎に行ったら，〇〇なんて言うんやで。おもしろいからすぐ笑ってしまうねん」「ぼくは，おばあちゃんの家にいって大阪弁を使ったらみんなに笑われたわ」などの話が出てきました。それを聞いたゆみさんはやっと笑顔になり，ちょっと安心した様子でした。

3　ゆみさんが発表した日

太田さんとのことがあってから，ゆみさんは友だちの発表に対して少しずつ「賛成」の意志を指サインで出すことができるようになってきました。指

名される可能性のある「付け足し」や「質問」の指サインはなかなか出せませんでしたが，算数の計算で明らかに答えが違っている時は「意見」のサインを出すことができるようになってきました。

　1学期も後半に入り，復習の課題をしていた時です。友だちが言った答えが明らかに間違っていて，クラスの大半の子が「意見」の指サインをあげました。その時，ゆみさんもみんなと同時にしっかり，「意見」の指サインを示しました。私はすかさず，ゆみさんを指名しました。ゆみさんは少し「当たってしまった！　どうしよう」という表情をしましたが，ゆっくり立ってはっきりとした声で「意見です。○○だと思います。どうですか」と発表したのです。みんなは「賛成」の指サインを一斉にあげ，ゆみさんは安心した顔で着席しました。

　このことを1学期末の懇談会でお母さんにお話すると「4月に転校してきて，最初は不安な様子でとても心配しました。でも，だんだん表情も明るくなってきて，夜尿も少し減ってきました。発表ができたことで自信もついたのかもしれません。この頃では妹に少し偉そうな口をきくことも出てきたようです」と話してくださいました。

4　係活動でがんばった2学期

　2学期の初め，学級の色々な係活動をみんなで話し合って決めます。決め方は以下のとおりです。

---

① 　必要だと思う係活動をあげる。
② 　各係の必要な人数を決める。
③ 　なりたい係活動に立候補する。
④ 　希望者が多い時は投票またはじゃんけんで決める（この方法はその都度子どもたちの多数決で決定する）。

子どもたちに一番人気があるのは毎日のように活動がある「算数係」です。毎朝，みんなの前で宿題に出た計算ドリルを答え合わせする係です。活動がパターン化していることと，前に出て先生の代わりができることでちょっぴり優越感が味わえるようです。

　希望者が多くて困るのですが，その日も3倍くらいの倍率で希望者が起立しました。その中にゆみさんもいて，みごとじゃんけんに勝ち残り，「算数係」になったのです。私は自分から立候補したゆみさんが算数係になれたことを内心喜びました。

　それから毎日，ゆみさんは宿題の答え合わせになると進んで前に出てきてはっきりした声で「宿題の答え合わせをします。〇〇いいですか」と言いました。答え合わせでは，間違った答えの時には意見のある人を指名しなければなりませんし，意見が分かれた時には「どうですか。この意見でいいですか」とみんなの意見をまとめていかなければなりません。最初は同じ係のもう1人の友だちに任せていることが多かったのですが，1か月も経つと自分から言えるようになってきました。この係活動でまた，一歩成長して，みんなの前で話すことができるようになったゆみさんでした。

5　研究授業の取り組み

　2学期には私のクラスを使って研究授業が実施されることになりました。私は，研究授業というのは特別な良い授業を見せることではなく，普段のありのままの子どもたちを見てもらって，今後の教師としての私の有り様を示唆してもらうことが重要だと考えていました。教師の役割として，目の前にいる子ども同士をどう授業の中でつないでいき，それぞれの学びをどうつくっていくのかが大切だと感じています。これは佐藤学氏（東京大学大学院）が提唱している「学びの協働」の考え方に基づいていますが，その頃は，まだまだ，子どもたちの見方について自分の感性を磨いていかなければならないと思っていた時でした。

研究授業は，総合的な学習の時間において，学校の色々な先生方に質問をして，学校の仕事について教えてもらうという内容でした。その学習を進めていくために簡単なメモを書くという課題もありました。事前の授業では，どんな質問をしたいかということを話し合い，ゆみさんもいくつか質問をメモに書くことができました。しかし，質問に対しての答えをメモにとるというのは子どもにとっては，高度な課題です。これまでも，メモのとり方を色々な場面で練習してきましたが，質問に答えてくれる人によって，答え方も変わりますし，話の進み具合では，質問するはずだった内容を変更しなければならないことも生じてきます。ゆみさんにとっては，普段と違い多くの先生が見る中で話をすること自体緊張してしまう活動です。その上に臨機応変に質問をして，メモをとるという同時進行の活動はとても困難なように思いました。そこで，研究授業の中では，個別の配慮ということで，ゆみさんに対するメモの用紙を特別に作成しました。指導案には個の印をつけて「項目を細かく記入したメモ用紙を使う」と書き入れました。他の子どもたちには，予定した質問を書いてその下にメモできるような用紙，ゆみさんにはさらにその下に細かい項目を書いて，ある程度メモする内容がわかりやすい用紙を使用することにしたのです。もちろんこのメモ用紙は他のメモが不安だという子どもに対しても用意しました。
　研究授業の当日は，子どもたちだけでなく，私自身も緊張していましたが，質問をする活動が始まると子どもたちもリラックスし始めました。ゆみさんのグループには私も一緒について行って，様子を見ることにしました。最初に質問する時はとても緊張して，声が少し強ばっていましたが，横についてメモ用紙の項目を指さしてあげるとメモをとり始めることができました。質問が終わって教室に戻り，聞いたことを発表する時にもゆみさんは一度，手をあげてメモしたことを発表することができました。
　また，この研究授業から，学校の指導案に個という視点で個別配慮や個別支援のあり方を記入する取り組みが始まったことはもう1つの成果でした。

6　司会役に挑戦

　ゆみさんが発表する場面が少しずつ増えてきた3学期，1年間の成長を見てもらうための発表会がありました。2月の授業参観で子どもたちが考えた劇や音楽，得意なことなどを披露するという行事です。内容や司会，どうプログラムを組んでいくかなど子どもたちで話し合いながら決めていきます。

　このクラスでは，日常的な授業風景を見てもらう寸劇，音楽の時間に練習した歌や合奏，みんなでつくったクラスの替え歌を披露することに決まりました。そして，挨拶の担当，司会者の役割を決めるのですが，立候補者の中にゆみさんがいました。私は内心，「大丈夫かな」と不安になりましたが，じゃんけんを勝ち抜きゆみさんが司会に決定しました。

　練習ではもう1人の司会者役と役割分担をして，プログラムを言う順番を振り分けました。「どっちをする？」と友だちに聞かれてゆみさんは言う言葉が少ない方を自分で選びました。しかし，4か所で司会進行をしなければなりません。最初はどう言っていいのかもわからずとまどっていたのですが，「メモに書いて読んでもいいよ」と言うと，メモを書き始めました。そして，何度か練習するうちに，メモを見ながらスムーズに言えるようになってきたゆみさんでした。

　本番を翌日にひかえた最後の予行演習をした時です。同じ司会者役の友だちがメモを見ないで，言い始めました。するとゆみさんも同じようにメモを見ないで言おうとしたのです。しかしながら，つまってしまって言えません。クラスのみんなは「無理しないでいいよ。見たっていいよ」と励ましました。それで，その時はメモを見て，言い終えることができました。私自身も後から，「本番で見てもいいんだよ。ちっとも恥ずかしくないよ」と伝えました。

　いよいよ本番当日，午後から準備をして，お母さん方が三々五々，教室に集まって来てくれました。ゆみさんはカーテンの陰から不安そうにそっと覗いています。そして，妹をつれたお母さんの姿が見えると，カーテンの間から顔を出して，小さく手をふっていました。

チャイムがなって発表会が始まりました。最初はもう1人の司会者が当番です。挨拶が終わって，寸劇が始まりました。お母さん方や子どもたちの間から笑い声が起こります。日常のクラスの発表のルールや私の特徴ある言い方を真似て，上手に先生役をしている子どもがみんなに大うけなのです。私も思わず苦笑いしてしまいました。1年間つきあうと子どもたちは私の身振りや口調をしっかり捉えていて，その観察ぶりには驚いてしまいます。

　寸劇が終わると次はゆみさんが司会者になる番です。手にはしっかりとメモが握られています。でも，カーテンの前に立つとメモを見ないで始めました。最後はちょっと忘れたようで，メモを少し広げて一瞬だけ見ましたが，無事に最後まで言い終えることができました。また自信がついたようでした。その後の出番では，メモをしっかり握っていたものの，一度も見ることなく司会者の役割を努めることができました。最後のクラスの替え歌をうたう時は一番前でとても大きな声でうたっていたのが印象的でした。

　終わった後，お母さんに「司会者の役は自分から希望してやってくれたんですよ。緊張していたようでしたが，よくがんばってくれました」と話すと「家でも，発表会で司会をするから見に来てねと言われました。できるんだろうか，大丈夫だろうかと不安で来たんですが，よくがんばったと思います」と話をして帰られました。

　翌日の発表会の感想文では，「お母さんによくがんばったね，とほめてもらいました。うれしかったです」と書いてありました。

7　言語表出が苦手な子どもに対しての取り組み

　言語表出が苦手な子どもの背景にある原因は，軽度の知的発達の遅れがあったり，視覚認知能力は高いが言語理解能力が特に低かったり，家庭環境によって自己表現能力が育ちにくかったり，場面緘目だったり……と様々です。

　ゆみさんの場合は，後になって心理発達検査をする機会を得たところ，境界線知能による言語発達の遅れがあり，その上に家庭環境が影響していたと

考えられました。

　通常の学級や通級指導教室で言語表出が苦手な子どもたちに出会ってきましたが，原因は異なっても対応の基本は以下の5点でした。

> ①　まず，担任を通して，相手は自分のことを理解し受け止めてくれるという安心感をもたせて，クラスの中での居場所づくりをする。
> ②　自己表現の例をいくつかあげて，選択肢で自分の表現したいことを選ぶことができるようにする。
> ③　見本を使いながら，日常的にみんなの前で話ができる状況をつくり出す。
> ④　②や③での取り組みができた時にはしっかりと認めて自信がもてるようにする。
> ⑤　クラスの信頼関係ができた頃に，本人が少し力を出したらできる挑戦の場をつくり出す。

　その上に高学年になれば，なぜ人とのコミュニケーションが大切になるかや自分の言葉で自分を表現できることの楽しさなどを話して，自ら自己挑戦できるようにしていくことが大切だと考えます。

　もちろん，語彙力を増やしたり，語想起ができるようなスモールステップの個別指導も必要に応じて受けることができればさらに良いでしょう。

4　保護者と共に変わっていったみきさん

1　いじめの訴えから始まったみきさん

　みきさんは４年生の女の子。担任して初めての家庭訪問はいじめの訴えから始まりました。「３年生の時から地域のポートボールに参加しています。でも，その中で鈴木さんから，動きが遅い，きっしょい（きもちわるいの意味）と言われてポートボールに参加するのを嫌がっています。４年生になって同じクラスになったので，クラスでもいじめられないかと心配です」とお母さんから言われたのでした。私は詳しい事情がわからず「クラスでの様子を見て，また，本人からも気持ちを聞いてみて，対応を考えたいと思います」とお返事をしました。

　翌日，本人には，「ポートボールに入っているの。楽しい？　誰と一緒なのかな？」とそれとなく様子を尋ねてみました。みきさんは「鈴木さんと一緒。ポートボールは好きやねん。でも，走りがあんまり速くないから，試合には出てない」というぐらいで，ポートボールに行くのは嫌ではなさそうでした。２～３日してお母さんが「鈴木さんには話をしてもらえたでしょうか」と連絡帳に書かれてきました。連絡帳では本人も見ますし，後に書いたことが残るので，放課後お母さんには電話でお話をすることにしました。放課後の電話で，「本人にそれとなく，話を聞いたのですが，ポートボールは好きだと話してくれました。でも，鈴木さんのことは何も言いませんでした。クラスでも，特に何かを言われている様子はないので，もう少し様子を見させてもらえますか」とお願いしました。お母さんは「わかりました。お願いします」と言って電話を切られました。

　数週間して，今度はお母さんからお手紙が届きました。そこには「先日，公園で遊んでいる時に鈴木さんと一緒になって，服を引っ張られて，破られて帰ってきました。学校で注意をしてほしい」という内容でした。その時は

本人を呼んで話を聞くと同じことを言うので，「鈴木さんに言いたいことはあるの？　もし，1人で言えなかったら先生も一緒に言うのを聞いてあげるよ」と話しました。みきさんは「いややったし，お母さんに帰ってから怒られた」と言うので，その気持ちを鈴木さんに伝えることになりました。鈴木さんを呼んで，「みきさんがね。話したいことあるんだって。でも，1人で言えないから先生も一緒にいるんだけどいい？」と話すと鈴木さんは「いいよ」と言って，みきさんの気持ちを聞いてくれました。そして，「ごめんな。引っ張るつもりはなかってんけど……。ごめん」と謝りました。
　みきさんには「これでいい？　気持ちは言えた？」と言うと「うん」とうなずいてくれました。

2　頻繁に起こるちょっとしたトラブル

　1学期も半ばになった頃，みきさんがかかわる小さなトラブルが頻繁に起こるようになりました。相手に話を聞くと「廊下でぶつかったのに謝ってくれない」とか「階段の上からじっと見ているのがいやや」などが原因でした。ところが本人に聞くと「ぶつかっていない」「見つめていない」ということが多く，クラスのみんなとみきさんの心に溝ができていくように思われました。
　私はどうしてそんなことが起こるのだろうかとしばらくみきさんの行動を観察し，記録をするようにしました。すると，しばらくして，みきさんの行動でいくつか気になることが出てきました。
　それは以下のような運動面での問題でした。

① 給食当番などで，並んで歩いていると階段を踏み外してよろけることがよくある。
② 体育の時間，全体的な粗大運動，微細運動のぎこちなさが見られて，相手の動きに合わすことが難しい。

> ③ ハードルを飛び越える時に，よくつまずいて倒してしまう。
> ④ 折り紙などで折り目を正しく合わせられない。
> ⑤ 図形問題では，正確に線が引けず形がいびつになってしまう。

　みきさんは，走ることや投げることなどは十分できますし，対人関係での会話のトラブルもみられません。国語学習での心情理解や場面の状況理解もでき，算数の文章問題でも，自分なりの考えを発表することができました。そこで，私は不器用さというより，視機能の問題があるのではないかと養護教諭にみきさんの話をしてみました。すると，養護教諭から1年生の時から左と右の視力が大幅に異なり，矯正の必要があることを指摘していたが，放置状態であると知らされました。

　さっそく，お母さんに学校で観察した様子を伝え，本人は非常に見づらい思いをしながら日々を送っているのではないか，そのことで動きがぎこちなくなり，周囲から指摘を受けてしまうのではないか，と話しました。もちろん，みきさんだけが矯正の努力をするだけではなく，了解を得られれば，クラスの子どもたちにもみきさんの見づらさを伝え，理解してもらうと同時に，どうかかわるとよいかを話すと伝え，お母さんの了解を得ました。同時に，もっと困難さを正確に知るため，WISC-Ⅲの検査もすることになりました。

　検査の結果では，動作性視覚的認知能力が低く，特に積み木や組合せの課題では線の認識の弱さが指摘されました。視力の矯正と同時に家庭で取り組める眼球運動トレーニングを紹介し，お母さんと一緒にやってもらうことにしました。

　クラスでは，みきさんのトラブルが起こった時に，みきさんの見づらさについて話し，みんなで片目をつぶったまま教室を歩く体験をしてみました。みきさんは距離感の取り方が難しく，階段などで足を踏み外したり，廊下でまっすぐ歩いているつもりでもぶつかってしまうことがあることなどを話すと子どもたちはある程度理解したようでした。みきさんには，「ぶつかって

しまうのは，あなたが悪いのではないよ。見づらさがあるので，気をつけるようにがんばろうね。ぶつかった時にはできるだけ謝ろうね」と伝えました。

　この話し合いの後からは，小さいトラブルが減ってきて，みきさんに「大丈夫？　気をつけてね」と声かけする子どもも出てきました。

3　絵画展入賞

　みきさんは視空間認知の弱さから，絵を描くとどうしても位置関係がとりにくく，自分でも思う様に絵が描けないと図工に自信をなくしているところがありました。しかし，何事にも一生懸命真面目に取り組むみきさんは，2学期の作品展に向けて，人物画を描きました。友だちの姿を描くのですが，手や足の位置がうまく決まらず，線を描いてはやり直していました。私は「上手に描こうと思わなくていいんだよ。みきさんの見えたとおりに描けばいいんだよ。絵にはその人の心が出てくる。それが大事なんだよ」と声をかけました。それからは少々ゆがんだと思っても，書き直すことなく，堂々としかも，丁寧に一生懸命に下書きをしていました。色も工夫しながら塗り終えることができました。できあがった絵は本を持つ友だちの手がアンバランスになり，空間的なずれが出ていましたが，線がとても力強く描かれていて，とても生き生きとした絵に見えました。クラスから1点だけ絵画展に出す予定でしたので，みきさんの絵を出すことに決めたところ，みきさんの絵が絵画展で特選に選ばれました。本人と保護者に連絡をするとお母さんから次のようなお手紙をいただきました。そこには「4月当初は，またいじめられないかと不安な毎日でしたが，みきの見づらさがわかり，またそのことで周囲との関係がうまくいきにくいとわかり，少しずつみきに自信をつけさせることで，随分落ち着いてきました。苦手だった絵で特選をもらえたことは，一層自信につながったと思います」と書かれていました。

4 サッカーの取り組み

　3学期になって体育でサッカーの練習をするようになりました。みきさんはボールを足でとめたり，蹴ったりすることは十分できましたが，いざ試合になると，動きながら相手にボールを蹴ったり，相手からボールを受け取って蹴り返したりする動きがなかなかできませんでした。子どもたちは，チームごとに話し合ってポジションを決めており，みきさんができるだけ動かなくて，しっかりボールを受け止められる場所はどこかを考えていました。そして，見方のゴール前での守備がよいのでは……という意見が出され，みきさん自らもそこがいいと言って，役割が決まりました。

　試合が終わった時の反省で，「みきさんが上手に守備をしてくれたので，相手に点を入れられなくてすみました」と同じチームの子どもから意見が出されました。みきさんはうれしそうにほほえんでいました。

5 保護者支援の必要性

　みきさんの取り組みで，特に私が気を配ったのはお母さんとの対応でした。発達障害などの問題を抱えた場合，家庭からは見えにくいものの同年齢の子どもたちとの関係づくりに困難さが多くあります。学校で生じてくる色々な問題を保護者に伝えると，保護者は，本人の困難さというより，周囲の子どもたちのかかわりの問題，しいては，担任の指導力のなさから生じてきているのではないかと捉えてしまうことがあります。

　みきさんの場合も最初は，周囲の子どもたちのいじめ，学校の指導の問題として提示されました。しかし，子どもの行動観察から始め，みきさんの視空間認知能力の弱さがわかったこと，それに対して保護者と共にどう取り組んでいくかを考えたこと，そして，クラスの子どもたちに，みきさん自身の困難さを少しでも理解し，どうその困難さに支援していくかを考えるように取り組んだことで，保護者の目がみきさんにどう支援していけるか，周囲にどう理解していってもらえばよいか，というように向いていきました。

これまでに私は，発達障害をもつ子どもたちの親の会を立ちあげ，10年にわたって発達障害をかかえる子どもの保護者と接してきて，発達障害が目に見えにくい「障がい」故に，子どもをどう理解してよいのかわからず戸惑う多くの親を見てきました。「わがままではないか」「自分の育て方が悪いのではないか」という思いが，解決の方向が見えない中で，「周囲の子がいじめるからではないか」「先生の指導が悪いからではないか」と周囲に責任を転嫁し，担任と対立してしまう保護者とも多く出会いました。けれども，子どもをしっかり見つめて，子どもの困っているところが見えてきた時，「一番しんどい思いをしていたのはこの子自身なんだ。何もしてあげられなかっただけでなく，この子を叱咤し，傷つけてきたことを申し訳なく思う」と涙する親に変わっていき，親が一番の子どもの理解者，支援者となっていかれます。保護者が変わると，子どもも安定し始めます。保護者が具体的な子どもの困難さを担任の先生に伝え，「家での支援は○○しているので，学校では△△のようにしてもらえるとうれしいです」と話すことで，先生もがんばってくれることが多いようです。

　特別支援教育が始まった今，「わが子はADHDです。薬を飲んでいます。通常の学級で配慮をお願いします」と申し出る保護者も増えてきています。しかし，ADHDと一言で言っても，1人ひとりの特性の表れ方は異なります。具体的にどんな時にどんな困難さが出てくるのかを話すことで，教師も方策を練ることができます。

　保護者の不安感を理解し，子どもの困難さを共通理解して，支援することが必要だと考えます。

5 対人関係が苦手だったまさき君

1 板書を写すことが苦手だったまさき君との出会い

　まさき君は，とても丁寧に挨拶ができ，今どきめずらしいくらい言葉遣いが丁寧な，まじめな男の子でした。言葉遣いだけでなく，何事も丁寧にきっちりとしています。漢字も一画一画，筆圧もしっかりと書くために時間がかかってしまいます。特に授業の中で黒板に書いたことを写す作業になると，時間がかかるだけでなく，次の作業に移ろうとすると，大きな声で「待って下さい。まだ書けていません。待って下さい」と言い，「大丈夫よ。書いていていいよ。みんなは次の用意をしているだけだから……」となだめても，「もう少しです。待って下さい。ああ，どうして待ってくれないんですか！」と怒り出すこともしばしばでした。私はこんなまさき君の様子を見て，「ひょっとしたら，視覚的な短期記憶が弱いために板書を写すことが苦手なのだろうか」と考えました。しかし，これだけでは判断できないので，お母さんに電話をして，学校での様子を伝えると同時に家庭でも「書くこと」で問題がないかをお聞きしました。すると，お母さんは「勉強はわかっていると思うのですが，家で一番困るのが，宿題に時間がかかってしまうことです。帰ってすぐに宿題をするのですが，時間がかかってしまい，遊びに行けなくなることが嫌なようです。宿題を始める前に，『今日は，こんなにたくさん宿題があるから，もう遊べない，どうしよう』とやらないままで泣いてしまいます」と話されました。「もしかしたら，書くことに時間がかかってイライラしてしまい，なかなか取り組めないのかもしれないのでは？」と話し，認知傾向をみるための検査を紹介すると快く了解してくださったので，WISC-Ⅲの検査を実施しました。

　検査の結果は言語性も動作性もほぼ平均で知的な問題は全くありませんでしたが，聴覚的短期記憶と視覚的短期記憶に弱さがあることがわかり，やは

り，板書を写すには困難さがあることが理解できました。この結果を受けて，お母さんと話をして，板書は重要なところだけを写すのでよいことにしました。本人には「重要なところは赤線で囲みます。ここだけ写せば十分です。時間のある人は全て写してかまいません」と声をかけることにしました。このような対応を続けていくと，板書を写す時に，イライラして大声を出すこともなくなってきました。宿題も，まさき君には個別に「どこまでだったら自分でできそうですか」と先に聞いておいて，本人ができそうと思うところに線を引き，「ここまででいいですよ」と伝えるようにしました。すると，全てしなければならないという不安がなくなるのか，家でも泣くことが減り，決めた以上の宿題をしてくることが多くなりました。

　宿題は，みんな同じでなければ……と聞いたりもしますが，宿題は自分のための勉強であって，量や内容は個人によって異なって当たり前と私は考えています。まさき君と同じクラスで漢字ドリルの宿題をよく忘れてくる子がいましたが，書くことに苦手さをもっていることがわかり，クラスのみんなと相談の上，クラスのみんなが20分くらいかかる宿題であれば，同じ分量ではなく，その子が20分くらいでできる量をやればよい，と決め，宿題の量を半分にしたことがありました。結果的に，その子は宿題を忘れずにしてくるようになり，みんなで拍手をしました。そんなクラスだからこそ，まさき君の宿題に対する配慮もうまくいったのだと思います。

2　運動面での不器用さへの取り組み

　まさき君は何事にも真面目に取り組もうとするため，運動でも全力でがんばろうとします。しかし，気持ちでは速く動こうとする反面，体が思うように動かずにぎこちない動きになってしまうということがありました。特にスキップやボール運動，相手に合わせる動きなどが苦手で，うまく動こうと思えば思うほど体は硬直してしまうという状態でした。

　私は体育授業をある程度パターン化して，子どもが自分でどんどん挑戦で

きるようにしています。

　一例を紹介します。

> ①　準備運動（体育係が４人交代でいくつかの動きを示して，動きを模倣する）またはサーキット（冬の寒い時期は色々な遊具を使って動く）
> ②　２人組運動（馬跳びと足くぐり，足開閉跳び，押し合い，腹筋など）
> ③　走る（運動場を自分のペースで３周する）
> ④　今日の運動（ボール，跳び箱，障害物，鉄棒のメインの運動）
> ⑤　ゲーム（ドッジボール，手打ち野球，ポートボール，サッカーなど）
> ⑥　整理運動（体育係が交代して，３つの動きを示して，模倣する）

　学年や季節によってパターンは変わりますが，流れを決めることで，子どもが進んで動けるようにしています。

　まさき君のクラスの時も同じ取り組みでした。流れがあることで，まさき君は自分が得意な運動はこれ，苦手な運動はこれとわかるようで，得意な時は進んで取り組みましたが，苦手な時は「トイレに行かせて下さい」とか「保健室へ行かせて下さい」と少々避ける様子が見られました。特に苦手だったのが，２人組運動でした。相手は子ども同士で決めるのですが，まさき君はなかなか決められず，最初は運動がとても得意な鈴木さんに頼んでペアを組んでもらいました。鈴木さんはまさき君のゆっくりした動きに上手に合わせて動いてくれたので，まさき君は失敗経験をすることがありませんでした。そして，最初はゆっくりだった動きも毎回続けることで，１学期後半になるとスムーズに動けるようになってきました。２学期になって新しいペアを組む時は，まさき君と同じようにゆっくりとした動きの木下さんとペアを組むようにしました。すると今度はゆっくりな動きに合わせて２人組運動ができるようになりました。まさき君の場合は体の動きそのものより，うまくできないという精神的な不安感が大きかったので，この取り組みはまさき君

に自信をもたせることができました。

　ドッジボールもまさき君にとっては苦手な運動の１つでした。ドッジボールを始める時はいつも外野を希望します。そして，希望が通らなかった時はコートの中を走り回って，ボールから逃げようとしていました。しかし，ボールを見ながら逃げられず，背を向けて逃げるため，すぐあたってしまいます。まさき君にとっては，ボールがどの方向に投げられるのか予測が立てられず，いつボールがどこからとんでくるか不安でたまらず，ドッジボールを楽しめないのです。

　そんなまさき君の気持ちをクラスの子どもたちに伝えると，不安なくドッジボールに参加できるように体育係の子どもたちが中心になって，段階的な取り組みを考えてくれました。取り組みは次のようなものでした。

---

① 体育の時間のドッジボールは１対１でボールの受け合いの練習をする。最後には外野で参加する。
② 受け合いに慣れてきたら，１体１で投げ合いをする人の間に入って，ボールに向いて逃げる練習をする。
③ 逃げる練習に慣れてきたら，ボールを受けることに挑戦する。

　また，体育の時間に最初は私と１対１で練習しましたが，同じグループの子どもたちが一緒にするようになってきました。②の練習に慣れてきた頃には休み時間にもドッジボールに参加するまさき君の姿が見られました。

　２学期が始まったある日，休み時間が終わるとクラスの男の子たちが教室に駆け込んできて「先生，まさき君がドッジボールで高木君のボールを受けたよ！」と大きな声で報告してくれました。その後からはまさき君がうれしそうにボールをかかえて，教室に入ってきました。子どもたちの応援でドッジボールに参加できるようになったことがとてもうれしい様子でした。子ども同士の支え合う力の強さを改めて教えられました。

3 小さな先生タイム

　まさき君は昆虫が大好きで，遊び時間も同じ昆虫好きの友だちと一緒に虫を探して過ごすことがほとんどでした。本も好きでクラスのみんなより色々なことを知っていましたが，自分の意見を話し出すと，なかなかみんなの意見を受け止められず，対立してしまうこともたびたびでした。その反面，少しできないことがあると，「わかりません。教えて下さい」「待って下さい。先に進まないで下さい」と自分のペースを崩そうとしませんでした。そのため，クラスの子どもたちは「まさき君はわがままだ。もっとみんなの気持ちもわかってほしい」という思いをもつこともありました。

　私は常々「みんなちがってみんないい」の合い言葉で「1人ひとり顔が違うように考え方も感じ方も違って当たり前，違う人同士がどうつながりあうかを考えて生きていくことが大切だよ」と話していましたので，そのことを実践する具体的な場づくりとして「小さな先生タイム」を取り入れていました。「小さな先生タイム」とは次のような取り組みをする時間です。

- 自分の得意なこと（小さな先生になれること）をみんなに知らせる。
- 道徳や学級会の時間を使って，みんなが交代で先生になって得意なことを教え合う。
- 小さな先生が教えて，少しでも上達したら免許を渡す。

　この「小さな先生タイム」を通じてまさき君は苦手なリコーダーを女の子に教えてもらい，みんなと合わせて曲が吹けるようになりました。また，虫が苦手だった女の子がまさき君に虫の取り方を教えてもらい，虫を自分でつかめるようになりました。この取り組みを通して，苦手なことを教えてもらう時には相手に合わせることが大切なこと，また，教えてあげる時には相手の苦手さにどう協力しなければならないかを学ぶことができたようでした。

4 「総合的な学習の時間」の取り組みを通して

　まさき君は対人関係面での弱さが見られ，集団で活動するより，マイペースに活動することを好む傾向がありました。特に総合的な学習の時間になると小集団活動をすることが多く，まさき君にとっては苦手な勉強でした。

　2学期後半，総合的な学習の時間で地域の人を招いて，自分たちの学んだことを発表する活動に取り組むことになりました。どのようなことを取り組みたいかを出し合い，取り組む内容によってグループを決めることにしましたが，まさき君は取り組みたいことが決まらず，グループになることができませんでした。「ぼくは何もしません」とまさき君が言った時に，「小さな先生タイム」で虫の取り方を教えてもらった女の子が「まさき君は昆虫博士だからそのことを発表したらいいのに……。もし，するんだったら私が一緒にするよ」と言いました。このことを聞いたまさき君は急に笑顔になって，「虫の発表だったらやろう」と，女の子と2人で「モンシロチョウの一生」を発表することに決めました。テレビで見た「モンシロチョウの一生」をまさき君は16コマの絵に描き上げ，女の子が説明を書くことになりました。緻密な実物描画が得意なまさき君は見事にモンシロチョウの一生を紙芝居に仕上げました。

　地域の人たちを招いた発表会の当日，まさき君と女の子はとても丁寧な挨拶をして，「モンシロチョウの一生」の紙芝居を大きな声で披露しました。参加して下さった老人会の方が「丁寧な挨拶をしてくれて，とても気持ちが良かったです。紙芝居もとてもよくわかりました。涙が出そうになるくらい感動しましたよ」と言って帰られました。この感想を聞いて，「ぼくも涙が出そうになりました」と話したまさき君は，苦手だった総合的な学習の時間がちょっと楽しくなったようでした。

5 みんなで吹けるようになったリコーダー

　3年生になると，リコーダーの練習が始まります。鍵盤のある楽器と違っ

て，リコーダーは指先が見えないまま，しっかり指先を穴にあてないとうまく音が出てきません。最初はどの子もリコーダーの練習に四苦八苦します。しかし，1か月ほど，タンギングや穴押さえの練習をするときれいな音が出せるようになるのです。1学期の初めはゆっくりと，「シ・ラ・ソ」の音だけを使った曲で穴の押さえ方とタンギングを練習します。慣れていない段階でみんなで合わそうとすると雑音の集まりでしかありません。聴覚的な過敏さも少しみられるまさき君にとっては，単音だけであっても合わすことが苦痛のようでした。また，指を動かすことと，タンギングするという連動した動きが苦手なために，最初はリコーダーを持つこと自体を嫌がっていました。そこで，リコーダーの練習では，次のような工夫をして取り組むようにしました。

①　1フレーズずつ，階名を読む練習をみんなでする（階名読みがすぐできない児童にはあらかじめ階名を記入させておく）。
②　階名読みに慣れたら，指を動かしながら階名読みをする。
③　指の動かし方に慣れてきたら，音を出さずにリコーダーの穴押さえをする。
④　穴押さえに慣れた人から，タンギングをつけて音を出して吹く。

　まさき君はこの流れの中でも，③の段階ではなかなか指がスムーズに動かないようでした。みんなでする時は私が一緒に指をそえて，練習しました。最初，まさき君の指先には力が入って，スムーズに動かせない状態でしたが，階名読みに慣れてくると少しずつ指が動き出しました。一緒に押さえている私の指先にも硬さがとれてくるのが伝わりました。④の段階ではタンギングと指押さえを同時にすることが難しく，みんなで合わす時は息を出さなくてもいいことにして続けました。まさき君は少しずつリコーダーの使い方がわかってきたようで，音楽の時間もリコーダーを進んで持つことができるよう

になってきました。

　リコーダーの練習に慣れてくると，楽しくなってクラスのみんなは休み時間もピーピーと吹きます。こんな段階になると，教科書や補助教材の曲を吹けた人はどんどん自分で進め，先生や小さな先生の合格シールをもらう取り組みを始めます。最初はなかなかできなかったまさき君でしたが，階名に合わせた指の動きがスムーズになり始めた頃から積極的に練習し始めました。みんなで合わすより，自分のペースでできることの方がまさき君にはやりやすかったようでした。1学期の終わり頃になると，どんどん自分で音符に階名をつけ，練習し，休み時間や給食を待っている間にも私や小さな先生のところに行って聞いてもらっていました。しかし，1人で吹けても，みんなと合わせるとなると「速すぎます。もっとゆっくり吹いて下さい」「もう，だめです。できません」と，リコーダーを投げてしまうこともありました。

6　小さな先生タイムの工夫

　2学期の「小さな先生タイム」の時，まさき君はクラスで一番リコーダーが上手な木下さんに「小さな先生になってエーデルワイスの曲を教えて下さい」と頼みました。エーデルワイスは補助教材の最後にのっている美しいメロディーの曲です。合格シールをもらった子どもたちがみんなで合わせて吹くようになっており，まさき君もその曲を吹きたかったようでした。

　木下さんはゆっくりと1フレーズずつ指押さえをし，まさき君が1人で吹けるように教えてあげていました。2回目の「小さな先生タイム」の時は木下さんが「1人で吹けるようになってきたから，今度は私と一緒に合わせてみよう」と練習を始めました。木下さんはまさき君の指を見ながら合わせるように吹いていました。おかげで，2人できれいに合わせることができました。「すごい，合わせられたよ。今度は3人でやってみよう」とまた上手な女の子を呼んで一緒に吹きました。最初はちょっと緊張したのか，途中で止まってしまい，まさき君は「ごめんなさい。もう一度してもらえますか」と

頼んでいましたが，次はうまくいきました。その後，休み時間になりましたが，リコーダーの輪は崩れることなく，1人，また1人と一緒に吹く子が増え，とうとう10人でも合わせることができました。まさき君はもちろん子どもたちも大喜びで拍手をしあいました。私はこの光景をほほえましく，ワクワクする気持ちで眺めていました。

　この経験があってから，まさき君はリコーダー合奏への不安が少しずつなくなり，音楽の時間もみんなと楽しむことができました。2学期の終わり頃には，補助教材の曲をトップで合格することができました。

7　まさき君から学んだこと

　対人関係が苦手なまさき君はおとなしくて真面目です。しかし，集団活動になると引いてしまい，無理をするとパニックになってしまうことがありました。まさき君の「みんなに合わせることの苦手さ」に対してクラスの子どもたちのかかわりをどのようにつくっていくかが私にとっては，大きな課題でした。まさき君からも周囲の子どもたちからもお互いに一歩ずつ前に踏み出すためのしかけづくりが私の役割でした。それは，子どもと子どもの組み合せの配慮であったり，授業のパターン化であったり，ちょっとした子どもたちがふれあう時間の設定であったり，する課題の量や内容の工夫であったり……様々でした。しかし，何より重要に感じたのは，子どもと子どものつなぎ方をどう設定するかだと思いました。集団への不安感の大きいまさき君に対して，「大丈夫だよ。一歩踏み出せばみんな受け止めてくれるよ」という信頼をもてるようにすることがとても大切だと思いました。

6 新卒3年目で出会ったえみさん

1 えみさんとの出会い

　えみさんは新卒3年目に2年生で担任した女の子です。けれど，えみさんのことは就学前から知っていました。大学当時からかかわっていたボランティア活動の延長として，地域の障害児通園施設にもかかわりをもっており，えみさんはその通園施設に通っていたのです。えみさんは中度の知的発達障がいで体も小さく，言葉もまだ単語が少し出るという状態でした。しかし，当時，えみさんの校区で私が勤務する小学校には特殊学級（今の特別支援学級）がなく，保護者も就学に向けて悩んでおられました。「できれば目の前にある校区の小学校に通わせたい。でも，みんなと一緒に通えるだろうか」という保護者の願いと不安。私はそれになんとか応えられないだろうかと，思い切って学校長に「私がえみさんの担任になりたい」と申し出たのです。ただ，学校長としては学校生活初めての1年生という大切な時期に，経験少ない私をえみさんの担任にするわけにはいかないということで，ベテランの先生に受け持って頂くということで，保護者も入学を決断されました。

2 えみさんの担任になって

　えみさんにとって，大きな集団で過ごす学校生活は初めてで，緊張も強かったようでしたが，元気に1年間を過ごし，2年生で新卒3年目の私が担任することとなりました。正直，まだ教師経験の浅い自分にとって，えみさんを含めた学級経営をしていけるか不安もありました。しかし，1年間えみさんと共に過ごしてきた周囲の子どもたちは何の違和感もなくえみさんをクラスの一員として受け入れていました。えみさんに話しかけ，えみさんの言葉にならないちょっとした声かけにも答えている様子を見て，大丈夫だと感じました。

3　えみさんも参加できる授業づくり

　２年生の子どもたちは１年間の学校生活の経験を通して，見通しをもちながら日々を送ることができるようになってきています。しかし，まだまだ長い言語指示だけでは理解できないことも多く，大切なことはゆっくり短い言葉で伝えることが必要でした。教科学習ではもちろん，できるだけ具体物を使い，動作化を伴いながら理解していくことが重要です。えみさんは言語表出はできなくても，友だちの動きを見ながら，真似をしながら，授業に参加しようとしていました。特に音楽や図工，体育は積極的に参加しようとしていました。今振り返ってみると，教師としてはまだまだ授業そのものの組み立てに未熟さがあったのですが，えみさんがいることでかえって，子どもたちが理解できているのか，絶えず振り返りながら授業をし，上滑りの授業で終わることがなかったように思います。

　保護者も協力的で，えみさんに無理のないよう，持ち物管理や健康管理にいつも気を配って下さいました。えみさんの保護者とは担任を離れた後も交流が続き，今でも，年賀状でえみさんの現状を報告していただいています。

4　えみさんが名前を呼んだ！

　１学期，えみさんはお友だちの助けを借りながら，配り係としてノートやプリントをみんなに配る仕事をしていました。係を決める時，えみさんが１人でできる係は見つからなかったのですが，友だちと一緒だったらできる仕事，その仕事によって他の子どもたちとの関係がつくれる仕事を……と考え，配り係をしてもらいました。２年生という年齢では，周囲の子どもたちにこのことを考えてもらうのは少し無理があると思い，私の方から提案してみんなに了解してもらいました。

　字が読めないえみさんに対して，同じ係の友だちは「佐々木さんのノートだよ」と指さしてえみさんに教えます。するとえみさんは佐々木さんのところへ行って，顔をのぞき込みながら「はい」と渡します。佐々木さんは「え

みさん，ありがとう！」と仕事をねぎらってくれます。1学期のこの仕事を通して，えみさんはだんだんと友だちの名前を覚えていきました。2年生の子どもたちはこのつながりを通して，えみさんのできないこととできることを知り，できないこともがんばった時は声をかけ，えみさんの笑顔が見られることで，お互いの関係をつくっているようでした。

　1学期も終わりになると，数人でしたが，ノートを見るだけで，だれのかがわかって自分から「はい」と渡すことが増えてきました。渡された子どもは「えみさんが覚えてくれた！」と大喜びでした。

　2学期も配り係を続けてすることになりました。この頃にはえみさんも「配り係は私の仕事！」という感じで箱の中にノートやプリントがたまると配ってくれるようになりました。言葉も少しずつ増えて，小さい声でしたが，「バイバイ」「わんわん」「にゅうにゅう（ミルク）」「あーちゃん（お母さん）」などがどんどん言えるようになってきていました。

　ある日，配り係の仕事をしているえみさんが突然「おおのー！」と大きな声で叫びました。周囲にいた子どもたちも私も，一瞬えみさんに釘づけになりました。えみさんは持っていた大野君のノートをかざしながら，廊下にいた大野君の名前を呼んだのでした。呼ばれた大野君はもちろん，周囲の子どもたちも一斉に「えみさんが名前を呼んだ！」と大騒ぎでした。えみさんは反対に何事が起こったのかと驚いた様子でしたが，近寄ってきた子どもたちが「すごいね。えみさん。『大野』と言えたね」と口々に声をかけてくれることがうれしくて，その後，何度も「おおの，おおの」と呼んでいました。そのことがあってから，子どもたちは自分の名前を呼んでもらおうと「私は宮田。みやって呼んで……」とえみさんに声をかけるようになりました。えみさんも配り係の仕事を通して，友だちの顔と名前が少しずつ一致していたので，名前を呼べる子が増えていきました。

5　体育の研究授業を通して

　えみさんは学級集団の色々な子どもたちとの関係づくりの中で言葉が増え，積極的に活動する場面が増えてきていました。しかし，私の中には，理解できない授業もある中，本当にこのままの状態でよいのか……という迷いがありました。そこで，えみさんの今後のことを考える上で，他の先生方にもえみさんの様子を知って頂き，今後の学校での支援の在り方を考えたい，と研究授業をすることにしました。教科は授業の中で，えみさんの1人の活動状態も，周囲の子どもたちとのかかわりもわかってもらえる体育を選びました。

　研究授業というと，見る先生方も見られる私も，また，子どもたちもなぜかよそ行きの顔になってしまうことが嫌でした。ありのままの子どもたちの姿，ありのままの子どもたちの関係を見てもらうことが大切だというのが新卒から退職する今まで変わらない自分の研究授業への思いでした。しかし，子どもたちにとって，普段いないはずの先生方が大勢来るというのは緊張するものです。その緊張感をできるだけ少なくするためにも，体育の授業の流れを一定にして，見通しをもって，いつも同じ流れの中でできるように授業を組み立てました。また，準備運動の時は音楽を使いながらリラックスして体を動かせるようにしました。

　他校の先生方も参加して実施する研究授業当日は，残念なことに，えみさんが体調を崩して欠席してしまうというハプニングが起こりました。しかし，この研究授業を契機として，えみさんの来年度からの支援について，学校としてもこのままでは，えみさんの学力保障にはつながらないのでは……という話し合いになりました。そして，3年生からは補助の先生が何時間か教室に来て，えみさんに個別指導を実施していく方向を見いだすことができました。

6　3年生になって

　私は続いて3年生も，えみさんの担任となることができました。同時に新

卒の若い先生が1日数時間（特に国語と算数），授業に入り込んで，えみさんの個別指導にあたるようになりました。同じ教室内でしたが，えみさんは時には教室の後ろで新卒の先生と一緒に絵カードで言葉を覚えたり，ひらがなを覚えたり，また絵を描いたり，工作をつくって手指の巧緻性を高めたり……と色々な個別の学習に取り組みました。えみさんの個別学習を始めるにあたって，クラスの子どもたちにはその理由を説明するのではなく，「えみさんはみんなと一緒にこれまで勉強してきて，たくさん言葉が言えるようになってきたね。もっともっとたくさん言葉が覚えられたら，もっともっとみんなとお話しできて楽しくなるね。そのために，後ろで絵カードを使って言葉を覚えたり，字を読むための勉強をするね」とだけ伝えました。今まで一緒に勉強してきた子どもたちは何の違和感もなく，後ろで個別指導を受けるえみさんの学習を受け入れていました。日常的にどんな勉強をしているかも目にしながら……。そして，休み時間になると他の先生と一緒に勉強した内容を見て子どもたちは「えみさん，こんなことも読めるようになったんだって……」と私に報告をしてくれるのでした。

7 支援学級設置に向けて

　えみさんが4年生になった時，やっと校内に支援学級が設置されました。えみさんが学校にいたことで，他の学校に通っていた「障がい」を有する子どもたちの保護者も校区に通いたいという思いを表すことができたようでした。えみさんは4年生になって，3年生で個別指導を担当した先生が担任になって，特別支援学級にも通うことができるようになりました。

　私自身が大学からもち続けていた思いを現実の形にする上で，えみさんと共に過ごした2年間はとても大きかったと思います。今でこそ，校内体制として，特別支援学級や通級指導教室，リソースルームという個別支援の場がつくられるようになってきましたが，当時は全く何もない状態で，通常の学級で受け入れることは無謀な取り組みだったかもしれません。しかし，えみ

さんがクラスにいることで,子どもたちは言葉だけではなく,色々な形で人と人はつながりあえることを学び,えみさん自身も周囲の子と一緒に過ごすことで,行動したい・話したいという意欲をもち続け,成長してくれたことで,学校の中に支援体制ができ,支援学級設置につながったのだと考えます。
　えみさんの入学がなければ,進まなかったのではないでしょうか。

8　えみさんから学んだこと

　えみさんを通常の学級の中で2年間担任したことは,その後の私の教師生活にとって貴重な経験となりました。34年間の教師生活の半分は通常の学級の担任として過ごしました。しかし,そのクラスには必ず交流学級として支援学級の子どもたちがいました。Hさん,Iさん,Yさん,Sさん,Kさん,Tさん……重度の自閉症があるお友だちもいれば,言葉のほとんどないお友だちもいました。しかし,その子たちがいてくれたお陰でクラスはいつもあったかく,優しさのあふれたクラスだったといえます。担任の私があったかクラスづくりをしたというより,その子たちの存在が私自身を,そして周囲の子どもたちを心優しくしてくれたのではないでしょうか。特別支援学級に在籍する子どもではなくても,ちょっと「困り感」をもった子がいた時,その子の「困り感に寄り添って」いくことであったかクラスができたように思います。

＊「困り感」は学習研究社の登録商標です。

7 子どもに支えられてできたあったかクラスづくり

1 私の出会った子どもたち

　今，私は現場を離れていますが，教育センター専門指導員として巡回相談，専門家チーム，学校訪問の活動を通して，色々な先生方や保護者の方の相談に対応しています。また，大学の特別支援教育アドバイザーとして，自立を目指す学生や保護者の相談対応だけでなく，将来教師を目指す学生の指導にあたっています。もともと勉強嫌いだった私がなぜ，と不思議になることもあります。しかし，どの方もおっしゃることは「現場で実際に子どもを通して学んだことや実践した話を聞くと目の前にいる，気になる子どもたちやわが子のことが手にとるようにわかる」ということです。勉強嫌いの私ですが，出会った子どもたちの行動を見て「どうしてこうするのだろう」「何を言いたいのだろう」「どうしてほしいのだろう」と疑問に感じた時はすぐに本を読んだり，人に尋ねたりしていくことは誰よりも積極的だと思っています。そんな時は3時間でも1冊の本を読み通してしまいます。通常の学級担任の時ももちろんですが，特別支援学級担任や通級指導教室担当の時も多くのことを勉強させてもらいました。自閉症のKさんを通してTEACCHプログラムの勉強を始めて実践し，行動コントロールが苦手だったIさんを通して動作法の訓練会を始め，となりのクラスで荒れていたHさんのことを通して，LDの勉強を始め，研究会や親の会をつくりあげる……というように出会った子どもたちが私に勉強の機会を与え続けてくれました。今，別の立場でお役に立てているのも全て，これまで出会った子どもたちと保護者が私を導いてくれたからだと感謝しています。

2 あったかクラスづくりの基本

　私が事例の中で述べてきたクラスづくりの基本は次の5つです。

> ① 子どもの困りのサインに早く気づく
> ② 「それでいいんだよ」の安心感を
> ③ 保護者と共に
> ④ 子どもから学ぶ
> ⑤ 子どもと子どもを結びつける

　この5つは教育の基本姿勢としてこれまでも言われ続けてきたことです。しかし，その実践となると単なるノウハウでできるものではなく，1人ひとりの子どもとの出会い，クラス集団との出会いの中で生じる真剣な人間との関係づくりがあってこそ，実現できることではないでしょうか。

　特別支援教育で言いかえれば5つの視点は，①はアセスメントの重要性　②は応用行動療法　③は保護者へのコンサルテーション　④は個別の指導計画　⑤は「学びのユニバーサルデザイン」と「学びの協働」と関連してくるように思います。特別支援教育が通常の学級の中でも当然のように叫ばれるようになってきました。大学時代の願いが現実のものとなりつつあります。特殊教育と普通教育の垣根がどんどん低くなって，「障がい」という捉え方ではなく，「支援を必要とする個性」という捉え方に変わりつつあることはとてもうれしいことです。しかし，考え方が変わるだけでなく，本当に1人ひとりの子どもたちがそれぞれの困りに対する支援を受けて，クラスの一員として認められ，位置づいている結果が見えることが大切です。その結果を出すための教育の営みはまだまだ続いていくでしょう。

　私のつたない実践がこれからの先生方や子どもたち・保護者の方々に少しでも役立って頂けるとうれしいです。

【編者紹介】
高山　恵子（たかやま　けいこ）……1章，2章コラム
NPO法人えじそんくらぶ代表／薬剤師，臨床心理士。
文部科学省中央教育審議会特別支援教育専門部会専門委員。
ADHDを中心に発達障害児・者の教育とカウンセリングが専門。

【著者紹介】
松久　真実（まつひさ　まなみ）……2章
大阪府堺市教育委員会特別支援教育担当。
特別支援教育士スーパーバイザー。学校心理士。臨床発達心理士。
特別支援学校で教師生活をスタートし，市内小学校で主に通常の学級担任として勤務。

米田　和子（よねだ　かずこ）……3章
プール学院大学特任講師。
特別支援教育士スーパーバイザー。学校心理士。臨床発達心理士。
平成20年3月まで大阪府堺市内小学校教諭として，特別支援学級・通級指導教室・通常学級で34年間勤務。

【イラスト】　2章　濱崎光　　3章　奥山
【写真協力】　2章　高瀬智恵・山中佐知子

発達障害の子どもとあったかクラスづくり
―通常の学級で無理なくできるユニバーサルデザイン―

2009年10月初版刊	©編　者	高　山　恵　子
2009年11月再版刊		
	著　者	松　久　真　実
		米　田　和　子
	発行者	藤　原　久　雄
	発行所	明治図書出版株式会社

http://www.meijitosho.co.jp
（企画・校正）佐藤智恵
東京都豊島区南大塚2-39-5　〒170-0005
振替00160-5-151318　電話03(3946)3152
ご注文窓口　電話03(3946)5092

＊検印省略　　組版所　株式会社カシヨ
本書の無断コピーは，著作権・出版権にふれます。ご注意ください。
Printed in Japan　　ISBN978-4-18-014524-9

シリーズこれからの特別支援教育 ① ②

障害のある子どもの豊かな学びに！

発達の遅れと 育ちサポートプログラム
―子どもの世界が広がる遊び63―

加藤博之 著

図書番号 0381／A5判 176頁／2,163円（税込）

障害のある子どもの指導には発達レベルにあったプログラムを幅広く経験させることが不可欠です。
本書はそのプログラムを育ちに必要な8つの柱に沿って紹介。方法・援助のポイント・日常生活への結びつきなどについてイラストや写真を豊富にわかりやすく解説しています。

不器用,多動性,読み書き困難などに見られる
感覚・運動課題の理解と支援に向けて！

発達障がいの子どものための 楽しい感覚・運動あそび

森田安徳 編著

図書番号 0382／A5判 168頁／2,163円（税込）

　LD、ADHDなど発達障がいの子どもには大脳機能の基礎にある感覚・運動面での発育が大きな影響を与えます。
　本書は感覚・運動の機能を10の領域から解説、保育・教育現場、家庭で楽しい96のあそびを紹介しています。イラスト豊富にねらいや方法、支援のポイントを示しています。

特別支援教育のプロを目指す先生に…

http://www.meijitosho.co.jp　FAX 03-3947-2926
ご注文はインターネットかFAXでお願いします。（24時間OK!）

〒170-0005　東京都豊島区南大塚2-39-5　明治図書　ご注文窓口　TEL 03-3946-5092

併記4桁の図書番号（英数字）でホームページでの検索が簡単に行えます。

0-261

自閉症支援
はじめて担任する先生と親のための特別支援教育

井上雅彦・井澤信三〔著〕 A5判・180頁／2,058円（税込）

応用行動分析学によるポジティブ支援！

本書は、特別支援教育にはじめて取り組む担任の先生と自閉症の子どもを持つ親御さんのための書です。

応用行動分析学の考え方を元にしておりますが、専門用語をできるだけ使わずに保護者とのかかわりや校内ミーティングの方法、行動面での問題に対する具体的な取り組みなど特別支援教育に必要な内容をQ&A形式でわかりやすく解説しています。

また、「サポートブック」「個別の支援計画」「行動観察シート」などたくさんの書式サンプルや連携のためのシート、リストを資料にまとめており、すぐに特別支援教育への取り組みに生かしていただけます。

今日から役立つトラブル解決！

Q&A　保護者と教師が信頼を深めるための基礎知識
・保護者と教師が共通理解を図るためのポイントは
・共通理解のためのツールはありますか　　　　　　　　　　　　ほか

こんな時どうする？気になる行動への支援
・自閉症の子どもがノル会話「なかなか会話にのってくれないのですが…」
・自閉症の子どもがよろこぶほめ方
　「ほめてもうれしそうなそぶりがみられないのですが…」　　　　ほか

事例10
・小学校2年生の男児です。ルールを頑なに守ろうとします。自分だけでなく、守らない人をよく注意し、トラブルになります。
・小学校6年生の男児です。相手に失礼なことを言ってしまいます。たとえば、太っている人を見かけると、「太っている！」と言ってしまいます。
・騒音や人混みが苦手です。どうもざわつくような音が苦手なようです。そのため多人数の集団場面に参加しにくいようです。　　　　　　　　　　ほか

資料
全国発達障害者支援センター一覧／親の会（高機能自閉症・アスペルガー症候群活動グループ）一覧／サポートブック（記入例つき）／個別の支援計画書式サンプル／行動観察シート／ストラテジーシート　　　　　　ほか

http://www.meijitosho.co.jp　FAX 03-3947-2926
ご注文はインターネットかFAXでお願いします。（24時間OK！）

〒170-0005　明治図書　ご注文窓口　TEL 03-3946-5092
東京都豊島区南大塚2-39-5

併記4桁の図書番号（英数字）でホームページでの検索が簡単に行えます。

イラスト・図解でわかりやすい**進路指導教育の入門書！**

LD・ADHD・アスペルガー症候群児の 進路とサポート

梅永雄二 著

図書番号 0195／A5 判 104 頁／1,575 円(税込)

LD・ADHD・アスペルガー症候群児の将来自立を考慮した指導・支援についてまとめた書です。障害のある本人アンケート（学齢期に困ったこと、など）から彼らの個性や特徴をつかみ、彼らの能力に合った支援を探ります。

【目次】
- 第1章　子どもがかかえる発達障害とは
- 第2章　発達障害児が育つ特別支援教育の現場
- 第3章　発達障害児の自立のために求められる指導
- 第4章　発達障害児に特化した進路指導教育
- 第5章　【事例】大人になって…

高機能広汎性発達障害の 教育的支援
－特別支援教育のプロを目指す教師のために－

竹田契一 監修・里見恵子 編

図書番号 0825／B5 判 184 頁／2,835 円(税込)

理論・トラブル・支援のポイント・事例・心への支援で構成。専門家、医師、現場教師の豊富な知識と経験を集結して書かれた発達障害のある子どもの理解と具体的な指導のための書です。

【目次】
- 第1章　高機能広汎性発達障害の理解と支援の視点
- 第2章　トラブルからわかる高機能広汎性発達障害の子どもに特有の問題点
  1. トンチンカンな会話／2. すれちがう会話／3. 突飛な思いつきと行動　ほか
- 第3章　高機能広汎性発達障害の子どもと学級作り・学習支援のポイント
  1. ト書き発言を使った状況説明の援助／2. 視覚支援を取り入れた環境作り　ほか
- 第4章　事例を通して考える高機能広汎性発達障害の子どもへの指導と支援
  1. 音刺激に過敏で起こっていた問題行動への保育園での取り組み／2. 保護者支援によって，子どもの適応がよくなった小学校2年男児　ほか
- 第5章　高機能広汎性発達障害の子どもの心への支援
  1. 給食になるとお腹が痛い／2. ボクは悪い子／3. 伝わらないから話さない　ほか

http://www.meijitosho.co.jp　FAX 03-3947-2926
ご注文はインターネットかFAXでお願いします。(24 時間 OK！)
〒170-0005　東京都豊島区南大塚2-39-5　明治図書　ご注文窓口　TEL 03-3946-5092
併記4桁の図書番号（英数字）でホームページでの検索が簡単に行えます。